초등 1~3학년을 위한
열두 달 학습법

・일러두기・

1. 이 책에 표시된 아이들의 나이는 작품을 제작할 당시를 기준으로 삼았다.
2. 아이들의 글씨가 잘 보이지 않는 경우 필요에 따라 텍스트를 병기했다.
   단, 아이들이 쓴 글의 의도를 살리기 위해 맞춤법에 따르지 않은 경우도 있다.

초등학교 월별 과제를 활용하여 아이의 능력을 키우는 엄마의 비법

초등 1~3학년을 위한

열두 달 학습법

이지연 · 박유미 지음

시공사

들어가며

예비 초등학생 혹은
초등학생 자녀를 둔 엄마들을 위하여

2006년 3월

아들이 초등학교에 입학했다. 입학식 날, 강당에 모인 엄마들은 분주하다. 진행하는 선생님의 이야기는 듣는 둥 마는 둥, 모두 연신 휴대전화로 자기 아이의 모습을 찍어대느라 바쁘다. 그에 질세라 나도 인파 속에서 아들의 모습을 쫓느라 정신이 없다. 벌써 초등학생이라니 만감이 교차한다.

2006년 9월

학교에서 '그림일기' 숙제가 주어졌다. 아들의 첫 학교 숙제라 그런지 별것 아닌 그림일기 하나에도 괜히 신경이 쓰인다. 제대로 쓰기는 했을까? 그림은 엉망으로 그리지 않았을까? 아들의 사생활은 지켜 주는 엄마이고 싶은데 자꾸만 확인하고 싶은 마음이 든다. 좋은 학부모가 되기란 참 어렵다.

2007년 4월

학교에서 과학 발명품을 만들어 오란다. 과학의 달 행사로 이런 저런 대회가 많다. 그나저나 갑자기 발명품이라니, 대체 어디서부터 뭘 어떻게 준비해야 할지 막막하다. 걱정되는 내 마음을 알기는 하는 것인지, 아들은 태평하기만 하다.

2007년 9월

책 읽으라고 잔소리하지 않으면서도 책을 읽게 하는 좋은 방법이 없을까? 학교에서 내 주는 독서록 숙제도 해야 하고, 독서 감상화 대회도 준비해야 하는데 아들은 책 읽을 생각을 하지 않는다. 책 좀 읽으라고 앉혀 놓아도 그때뿐이다. 독서 학원이나 논술 학원을 보내야 하는 것일까? 앞으로 학교에서 글쓰기 활동이 점점 많아질 텐데 걱정이다.

언제부턴가 아들의 숙제에 개입하고 있는 나를 발견한다. 학교에서 과제가 나올 때마다 아들보다 내가 더 조바심을 내고 있다. 숙제는 아이 스스로 해야 한다고 생각해 왔는데, 돌이켜보니 어느새 아들 숙제가 내 숙제가 되어 있다. 아들 혼자 알아서 제 숙제를 할 수 있기를 바라는 것이 욕심이었던 걸까?

엄마가 아이를 위해 어디까지 어떻게 도와주어야 할까? 무엇이 진짜 내 아이를 위하는 길일까? 내가 아이를 위한답시고 하는 일들이 사실은 아이를 수동적으로 만들고 있는 것은 아닐까? 정말 아이 교육에는 정답이 없나 보다.

이 책은 초등학생 자녀를 둔 엄마들을 위해 구상한 것입니다. 초등학교에 다니는 아들을 둔 엄마로서, 그리고 아이들을 가르치는 선생님으로서 아이들이 커 가는 모습을 보며 많은 고민을 하게 됩니다. 초등학생만 되어도 각종 사교육 스케줄로 하루가 바쁜 요즘 아이들의 모습이 안쓰럽기도 하지만, 한편으로는 반복되는 학교 과제 앞에서 막막함을 느끼는 엄마들의 모습에 공감하기도 합니다. 엄마가 아이를 위해 할 수 있는 최소한이자 최선의 교육, 어디에서부터 시작해야 하는 것일까요?

초등학생 자녀를 둔 엄마라면 누구나 직면하게 되는 학교 과제부터 시작해 보기로 했습니다. 그림일기부터 과학상상화, 독서 감상문

등 지겨우리만치 익숙한 학교 과제들. 엄마 입장에서는 지겹고 귀찮을 수 있습니다. 하지만 이 과제들 대부분이 초등학교 6년의 시간 동안 되풀이될 뿐 아니라, 때마다 수상의 기회가 되기에 간과할 수 없는 것도 사실입니다.

우리는 오랜 시간 아이들을 가르치면서 뻔하디 뻔한 학교 과제들도 무척이나 부담스러워하는 엄마와 아이들을 숱하게 지켜봐 왔습니다. 아이들은 매번 "어떻게 해야 되나요?"라고 물었고, 엄마들은 "무엇을 보여 주고 어떤 이야기를 들려주어야 하나요?"라며 난감해 했습니다. 그들의 공통점은 모두 '정답'이 정해져 있지 않은 과제 앞에서 어려움을 겪는다는 것이었습니다. 아이들이나 엄마들이나 내 안의 떠도는 생각을 구체화하고, 느낌을 자유롭게 표현하는 일을 어렵고 힘들게 생각하고 있었던 것입니다. 나의 생각, 나의 느낌, 나의 이야기를 가장 어려워하는 아이들, 그리고 그들을 안타깝게 지켜보면서도 어쩔 줄 몰라 하는 엄마들을 조금이나마 돕고 싶었습니다. 함께 고민하고 공감하며 대안을 찾아보고 싶었습니다. 어차피 해야 하는 학교 과제들을 200% 활용할 수 있는 방법은 없을까? 아이 스스로 과제를 해결할 수 있는 힘도 기르고, 과제를 이용해 아이의 창의성까지 챙길 수 있는 방법은 없을까? 욕심 많은 엄마의 마음으로, 아이들의 자유로운 이야기를 기다리는 선생님의 마음으로 고민하고 연구했습니다. 그리고 그 비법들을 이 책을 통해 함께 나누고자 합니다.

　『열두 달 학습법』에 담긴 과제 활용 교육법들은 모두 엄마와 아이의 친밀한 대화를 통해서 이루어질 수 있습니다. 전문 예술인이나 학자가 아니어도, 선생님이 아니어도 가능한 방법들인 것입니다. 엄마와 아이가 질문과 대화, 관심과 고민만 나눌 수 있다면, 아이가 스스로 주체적인 관점을 확립하고 창의성을 발현할 수 있는 자기 표현 방법을 함께 훈련할 수 있을 것입니다. 소소한 학교 과제도 훌륭한 학습 도구가 될 수 있는 것입니다.

　우리는 오늘도 많은 아이들을 만나고, 가르치고, 그들의 이야기를 듣습니다. 학교 생활은 어떤지, 친구들과 어떻게 놀았는지, 엄마 아빠와 무엇을 했는지, 시시콜콜 재잘대는 이야기 속에는 마음이 스며 있습니다. 자연스럽게 터져 나온 마음을 붙잡아 글로 쓰고, 그림으로 그리고, 색을 입히는 아이들. 이 책에는 우리와 함께한 수많은 아이들의 마음이 담겨 있습니다. 그 예쁜 마음으로 우리를 놀라게 하고, 미소 짓게 만든 아이들에게 가장 큰 고마움을 전합니다. 그리고 그들의 마음이 이 책을 읽는 엄마들에게도 전달될 수 있기를 간절히 바랍니다.

<u>차례</u>

YEARLY PLAN

3
MARCH

그림일기 쓰기

그림일기는 소소한
일상도 확장할 수 있는
힘을 길러 줍니다.

4 / **5**
APRIL / MAY

과학상상화와 발명품 대회

과학상상화와
발명품 대회는
열린 상상의 힘을
길러 줍니다.

6
JUNE

주제 그림 그리기

주제 그림 그리기는
같은 주제 앞에서도
다르게 표현할 수 있는
힘을 길러 줍니다.

7 / **8**
JULY / AUGUST

**여름방학 체험학습
보고서 쓰기**

체험학습 보고서는
창의적인 경험을
가능하게 합니다.

9
SEPTEMBER

독서 감상문 쓰기

독서 감상문은
'나'를 중심으로
책을 읽을 수 있도록
도와줍니다.

10
OCTOBER

독서 감상화 그리기

독서 감상화는
책을 새롭게 발견하는
과정입니다.

11 / **12**
NOVEMBER / DECEMBER

엄마가 할 수 있는 선행학습

아이의 과제가
적은 틈을 타, 엄마도
공부할 시간을
가져 봅시다.

1 / **2**
JANUARY / FEBRUARY

아이와 함께하는 시간

학교 과제로 아이와
함께 직접 수업을
만들어 나갈 수
있습니다.

그림일기 쓰기

작은 일상의 확장

"우리 아이가 그림일기를 그렸는데, 제가 깜짝 놀랐어요. 그림도 이상하게 그리고 글도 이상해요. 유치원 다닐 때 책 읽고 글 쓰는 학원에도 다녔는 데……."

"우리 애는 저녁 때만 되면 일기 쓰기 싫다고 아주 난리예요. 뭘 써야 할지 모르겠다고 얼마나 징징거리는지. 제가 '이거 쓰면 되겠네, 저거 쓰면 되겠 네' 이렇게 말해 줘도, 일기장을 붙들고 한참을 어떻게 써야 할지 몰라서 끙끙대요."

"우리 애 그림일기는 너무 성의가 없어요. 글씨도 엉망진창인데다가 그림도 대충대충 그려서 알아볼 수가 없다니까요. 아무리 잘 좀 써 보라고 얘기해 도 안 돼요. 알아서 하겠죠, 뭐~."

"애들 일기 쓸 때 어느 정도 엄마가 개입해야 하나요? 그냥 마음대로 쓰라 고 하니까 영 엉망이에요. 그렇다고 제가 '이렇게 써라 저렇게 써라' 하면 아이 사고력이나 창의력에 방해가 될 것 같고, 그냥 혼자 하게 둘 수도 없 고……."

"숙제라고는 딸랑 일기 하나인데, 우리 딸은 그것도 하기 싫어하네요. 하기 싫어하니까 자꾸 밀리고, 밀리니까 더 하기 싫어하고, 그래서 일기 쓰라고 하면 자꾸 짜증만 내요. 어떻게 하면 혼자 알아서 잘 쓸 수 있을까요?"

‘그림일기 따위가 엄마의 걱정거리가 되다니!’

자못 놀라워하거나 어이없다고 생각하는 사람들도 있을 것이다. 물론 그림일기는 수상이 걸린 대회도 아니고, 성적을 매기는 시험도 아니다. 가벼이 생각하자면, 학교에서 하라는 분량만 대충 채워 보내면 그만인 과제일 수 있다. 그러나 아이의 그림일기 한 장도 그냥 넘길 수 없는 것이 엄마 마음이다. 엄마의 눈에 비친 아이의 그림일기는 실로 많은 이야기를 보여 준다. 아이가 요즘 무엇에 관심이 있는지, 어떤 생각을 하고 있는지, 내 아이의 문장력과 표현력은 어디쯤 와 있는지……. 엄마는 그림일기에 담긴 아이의 마음을 살뜰히 살필 수밖에 없다.

그림일기는 본격적인 숙제 인생의 서막을 알리는 첫 학교 과제다. 그래서일까? 엄마 입장에서는 그림일기 하나도 제힘으로 못하고 투정하는 아이가 걱정스럽다. 하지만 초등학교 때만 하고 마는 그깟 그림일기로 고민하는 모습이 남들 눈에 극성 엄마처럼 보일까 봐 혼자서 속 앓이만 할 뿐이다.

아이가 일기 쓰기를 죽도록 싫어해서 고민이고, 매일 무엇을 쓸지 몰라서 머리를 쥐어짜는 모습에 또 고민이다. 매일매일 '참 재미있었다'로 마무리하는 성의 없는 일기나 시간 순서대로 일과만 나열하는 일기도 엄마의 한숨을 부른다. 그림일기 앞에서도 한없이 불안해지는 엄마, 무엇인가 해결책이 필요하다. 매일 아침 일어나 학교에 가고, 학원에 가고, 집에서 숙제하고, 잠이 드는 아이의 일상이 너무 단조로운 것이 문제인가 싶어 박물관이고 전시장이고 데려가 보기도 하고 체험학습도 시킨다. 그런데 그러한 특별한 경험을 하고도 아이가 여전히 무엇을 써야 할지 모른다거나 결국 '참 재미있었다'로 끝난다면? 쓰기 전에는 머리를 쥐어짜며 고심하는 것 같더니 기껏 쓴 일기가 그날의 일을 시간 순서대로 나열하기에 급급하다면? 엄마로서는 기가 찰 노릇이다. 도대체 무엇이 문제일까? 분명 내 아이는 특별한데, 왜 일기만 쓰면 '뻔'해질까?

"오늘 나는 아침 학교에서 한자를 7개 썼다. 7개만 써서 팔이 안 아프고 엄청 빨리 할 수가 있었다. 한자를 한 자 한 자 쓰니까 시간은 흘러갔다. 한자를 다 쓰니까 벌써 6시 40분이었다. 그리고 놀이터에 가서 친구랑 같이 미끄럼틀을 거꾸로, 누워서, 엎드려서 탔다. 또 내 집에 같이 가서 자석 블럭을 갖고 해적선을 만들면서 만두랑 감을 먹었다. 그리고 내 친구가 내 차를 타고 자기 집으로 가며 차에서 게임을 했다."

영민이(10세)의 일기

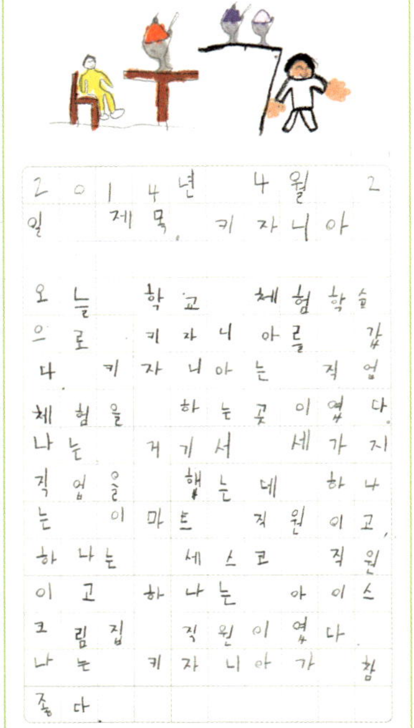

"오늘 학교 체험학습으로 키자니아를 갔다. 키자니아는 직업 체험을 하는 곳이었다. 나는 거기서 세 가지 직업을 했는데 하나는 이마트 직원이고, 하나는 세스코 직원이고, 하나는 아이스크림 집 직원이었다. 나는 키자니아가 참 좋다."

준서(9세)의 일기

베테랑
엄마에게
물어보세요

Q 우리 아이는 항상 일기에 뭘 써야 할지 모르겠다며 끙끙대요. 자기 일기인데도 엄마한테 물어보기까지 해요. 왜 그런 걸까요?

지금 아이는 주제에 대한 개념이 다소 편협할 수 있어요. 아이들은 '일기에 무엇인가 특별한 일을 써야 한다'고 생각하기 때문이죠. 따라서 대단한 경험, 특이한 사건이 없는 날에는 일기를 쓰는 것 자체를 불가능하다고 느껴요. 물론 일기에 특별한 경험만을 써야 하는 것은 결코 아니에요. 엄마가 잔소리한 것이 싫었던 경험, 왠지 그날은 밥을 먹기가 싫었던 경험, 왜 일기를 써야 하는지 모르겠다고 생각한 기억 등, 아주 사소한 것들을 써도 되지요. '일기의 주제＝특별한 경험'이라는 공식이 자리하고 있다면 아이는 결코 소소한 일상에서 소재를 발굴해 낼 수 없을 거예요.

Q 우리 아이는 시간의 흐름대로 일과를 나열하기만 해요. 느낀 점이나 자기 생각도 써야 하는 것 아닌가요?

일기에 사건을 나열하기만 하는 아이는 사소한 경험, 일상적인 경험을 확장시켜 본 적이 없을 가능성이 커요. 누구나 매일 겪게 되는 지극히 소소한 경험일지라도 그 당시에 느꼈던 감정을 더한다면 매우 특별한 경험이 될 거예요. 예컨대 "아침에 일어나서 밥을 먹었다"와 같은 평범한 일과도 예외 없이 특별해질 수 있어요. 남들이 쉽게 지나치는 아주 작은 일상에도 집중하고 그것을 확장해 나갈 수 있는 힘, 이것이 내 아이의 일기가 특별해지는 비법이에요. 아래 10살 재민이의 일기를 보면 소소한 아침 식사도 자기만의 특별한 경험으로 확장하는 모습을 보여 주고 있어요.

"엄마는 밥을 했다. 나는 그다지 아침밥을 좋아하지 않았다. 왜냐하면 아침에 일어나면 밥맛이 없기 때문이다. 어떤 때는 맛있기도 하지만, 요즘은 자꾸 음식물이 목으로 넘어갈 때 토할 것 같은 느낌이 들어 아침밥이 맛이 없어진다. 그래도 오늘도 겨우겨우 먹었다. 밥이랑 콩나물 무침으로 아주 간단하게 먹었다." **재민이(10세)의 일기**

Q 우리 아이는 일기 끝에 항상 '참 재미있었다'고 써요. 자기 느낌을 잘 쓰게 할 수는 없을까요?

아이가 사용할 수 있는 감각어와 감정어는 지극히 제한되어 있습니다. 언어는 개념이니까요. 개인의 특수한 감각과 두루뭉술한 감정도 언어로 표현하면 공적으로 합의된 개념이 되죠. 예를 들어, '슬프다'라는 단어를 알지 못하는 사람이 있다면, 그는 자신이 느끼는 슬픔의 감정을 타인에게 정확히 표현하기가 어려울 거예요. 이는 다른 언어권의 사람에게 서툰 외국어로 감정을 표현해야 할 때의 답답하고 찜찜한 느낌을 떠올려 보면 쉽게 이해할 수 있어요. 따라서 아직은 사용 가능한 언어의 폭이 좁은 아이들이 자신의 감각과 감정을 효과적으로 개념화하지 못하는 것은 어찌 보면 당연하지 않을까요? '참 재미있었다'를 벗어나지 못하는 아이의 일기 앞에서 이것밖에 쓸 말이 없냐며 다그치고 핀잔을 주어서는 안 돼요. 느끼고 또 느껴도 말로는 표현하기 힘든 아이의 답답한 마음을 엄마가 먼저 따뜻하게 이해해 줄 때, 아이는 한층 더 특별해질 수 있어요.

그림일기로
우리 아이의 능력을
키울 수 있을까?

우리는 평생 일기를 써 왔다는 위대한 문학가나 사상가들의 이야기를 심심치 않게 접한다. 『아미엘의 일기』로 잘 알려진 철학자 앙리 프레데릭 아미엘Henri Frederic Amiel은 일생 동안 일기를 통해 자신의 마음을 털어놓았고, 러시아의 대문호 톨스토이Lev Nikolayevich Tolstoy는 어디를 가든 연필과 메모장을 들고 다니며 생의 마지막 순간까지 일기를 썼다. 『찰리와 초콜릿 공장』으로 어린이들의 사랑을 한 몸에 받은 세계적인 아동문학가 로알드 달Roald Dahl이 자신의 어린 시절 일기에서 가장 많은 영감과 아이디어를 얻었다는 일화는 너무도 유명하다.

일기 쓰기는 분명 사소한 행위다. 하지만 그 사소함이 모이고 쌓이면, 분명 큰 힘을 발휘한다. 학교 숙제 정도로 가벼이 여기고 소홀히 하기에는 일기가 가지고 있는 가능성이 너무나 크고 다양하다. 그중에서도 우리 아이를 위해 꼭 집중해야 할 그림일기의 효과는 무엇일까? 엄마들이 그림일기를 통해 꼭 챙겨야 할 목표는 어디에 있을까?

그림일기는 소소한 일상도 확장할 수 있는 힘을 길러 준다.
- 다양한 주제의 글쓰기에서 명확하게 주제를 잡는 능력이 생긴다.
- 글과 그림 속에 자신의 생각과 느낌을 자유자재로 표현할 수 있다.
- 풍부하고 독특한 표현법을 훈련한다.

모두가 같은 시각과 장소에서 똑같은 일을 겪었다 할지라도 사건에 대한 시각과 판단, 느낌은 제각기 다를 수밖에 없다. 우리는 모두 자신만의 방법으로 인지하고 감각하며 통찰한다. 하지만 모두가 자신의 경험을 온전히 표현할 수 있는 것은 아니다. 어떤 사람은 사건의 맥락만을 풀어놓을 수도 있고, 어떤 사람은 자신의 의견이나 당시의 느낌까지 다각적으로 표현할 수도 있다. 표현의 독창성과 풍부함은 경험 그 자체가 아니라 경험에 대한 집중도에 따라 결정되기 때문이다. 일기를 쓰는 시간만큼은 자기 경험에 온전히 집중할 수 있다. 만약 아이가 하루 동안 있었던 일을 모두 나열한다면, 그것은 자신의 경험에 집중하지 않았다는 것을 반증한다. 자기 경험에 집중하기 위해서는 연속된 시간 속에서 어떤 경험을 골라낼지 결정하고, 얼마만큼 어떻게 확대할지 선택하는 과정이 선행되어야 한다. 그리고 이 과정이 익숙해지면, 다양한 주제의 글쓰기에서도 명확하고 구체적인 자신만의 주제를 잡을 수 있을 것이다.

　아이들의 글쓰기는 대부분 '얼마나 자신만의 생각과 느낌을 많이 담아냈는가?'로 평가받는다. 학교에서 주는 독서록이나 글쓰기 훈련을 위한 형식들을 보면 사실과 의견, 내용과 느낌을 구분하여 서술하도록 되어 있는 경우를 많이 접할 것이다. 그만큼 아이들의 생각과 느낌을 글 안에 담기란 쉽지 않다. 따로 구분하여 훈련하지 않으면 안 될 정도다. 하지만 자기 경험에 제대로 집중하여 일기를 쓰게 되면, 사실만 나열하는 것이 아니라 내가 그 사실을 어떻게 보고 듣고 느꼈는가를 쓸 수 있게 된다. 내가 해석한 사건, 내가 느낀 감정, 내가 감각한 세상을 글로 표현할 수 있게 되는 것이다. 다만 아이들은 언어 표현력이 부족하기 때문에 글만으로는 자기가 경험한 수많은 세계를 충분히 담지 못할지도 모른다. 그림일기의 그리기 활동을 잘 활용하면, 감각적으로 자신의 생각과 느낌을 표현할 수 있게 된다. 가령 "매운 고추를 먹었다. 입 안이 아팠다"라는 일기를 쓴 아이가 '입 안이 아팠다'는 감각을 더 자세하게 쓰고 싶은데, 언어 표현력이 부족하여 글로는 더 이상의 묘사가 불가능하다고 해 보자. 이때 '아팠다'는 감각에 집중하여 그림을 그리다 보면, 아이 스스로 '매운 맛으로 아픈 색은 무엇일까?', '매워서 아픈 혓바닥은 어떻게 그려야 할까?' 등의 고민을 해결해야 한다. 빨간색으로 바늘이 뾰족뾰족 돋은 혀를 그릴 수도 있고, 입에서 불이 나는 장면으로 표현할 수도 있고, 찡그린 표정으로 그릴 수도 있다. 자기 경험을 확장하여 그림으로 표현하다 보면, 자기의 생각과 느낌을 쉽게 드러낼 수 있다. 자신의 몸과 마음으로 보고, 느끼고, 생각한 일상을 그림일기 안에 담을 수 있는 아이라면, 다양한 글쓰기나 주제 그리기에서도 '내 생각'과 '내 느낌'을 드러내는 일이 결코 어렵지 않을 것이다.

똑같이 햄버거를 먹어도 "맛있다"라고만 표현하는 아이가 있는가 하면, 냄새나 맛은 어떤지, 식감은 어떤 느낌인지를 구체적으로 표현할 수 있는 아이가 있다. 경험은 같아도 그것을 표현할 수 있는 능력의 범주가 다른 것이다. 풍부한 표현력을 위해서는 자신이 감각한 것을 계속해서 좀 더 다르게, 더 세밀하게 표현하는 과정을 반복해야 한다. 매일 쓰는 일기를 적극 활용하면 표현력을 훈련하기에 좋다. 가령 '오늘은 무척 더웠다'라는 문장을 다음 날에는 '오늘은 하늘에 불이 난 것처럼 뜨거웠다', 또 다음 날에는 '오늘은 더운 목욕물 속에서 잠수를 하고 있는 것처럼 숨이 막혔다' 등의 다양한 표현으로 바꾸어 써 볼 수 있다. 일기를 통해 표현의 범위를 넓히다 보면, 아이만의 독특한 문체나 표현법도 생길 수 있을 것이다.

이제 아이는 본격적으로 자신의 생각과 감정을 표현하기 시작한다. 특별한 세상만이 특별한 아이를 키울 수 있는 것은 아니다. 잿빛 세상도 화려하게 색칠할 줄 아는 아이, 작은 경험으로도 큰 생각을 펼칠 수 있는 아이. 진부하고 평범한 것도 재미있고 아름답게 만들어 낼 수 있는 힘이 특별한 아이를 키워 낸다. 누군가에게는 매일 반복되는 귀찮은 숙제일 수 있지만, 내 아이를 보다 주체적이고 창의적으로 키우고 싶은 욕심이 있는 엄마에게 그림일기는 완벽한 도구가 될 것이다.

그림일기 단계별 훈련법!

STEP 1 · 누구나 한 번쯤 경험해 보았을 평범한 주제를 선택한다.

"비 오는 날을 그려 볼까?"

이 진부한 주제를 아이들은 어떻게 풀어갈 것인가? 그림일기의 주제는 대체로 '비 오는 날'처럼 일상적일 수밖에 없다. 특별한 경험이 아니라 지극히 사소해서 한 번도 되돌아보지 않았던 주제를 통해서도 아이의 생각을 풍성하게 확장시킬 수 있다. 아이들은 '비 오는 날' 하면 무엇이 떠오를까?

1. 물
2. 지렁이
3. 달팽이
4. 웅덩이

2013 10월 3일 비오는 날
1우산 6달팽이
2비옷 7지렁이
3장화
4번개
5천둥

비오는 날

① 우산을 쓴다
② 비가 많히 내린다
③ 집에 있다

비오는 날

1.물방울
2.물 웅덩이
3.분수
4.장화
5.비옷
6.꽃
7.나무
8.우산

10월8일 에 아끔   비오는 날

1달팽이
2지렁이
3우산
5장화
6우비
7빗방울
8이슬

2013. 10 .15   최재틀

비오는 날

비오는 날에 신발이 젖고, 옷도 젖었다.

‘비 오는 날’이라는 주제에 대해서 모든 아이들은 똑같거나 비슷비슷한 이미지와 단어들을 연상했다. 아이들의 그림 속 주인공들은 하나같이 우산을 쓰고 동그란 빗방울을 맞고 있다. 우산, 장화, 웅덩이, 달팽이 등 비 오는 날을 나타내는 단어들도 같거나 비슷하다. 분명 나이도, 학교도, 사는 곳도 모두 제각각인 아이들이다. 그런데 왜 약속이라도 한 것처럼 표현이 같거나 비슷할까?

‘비 오는 날’처럼 일상적인 주제에 대한 표현이 이처럼 상투적인 것은 어쩌면 당연한 결과다. 아이들이 표현한 것은 자신만의 기억과 체험이 아니다. 그저 관습적으로 사용되어 온 약속된 기호를 답습한 것이다. 그렇기에 이 강력한 관습을 깨고, 아이의 몸과 마음이 기억하는 진짜 경험에 집중할 수 있도록 해 주어야 한다. 진부함 속에서도 자신만의 특수한 감각과 감정을 끌어내고 자기만의 표현을 찾아낼 수 있도록 말이다.

STEP 2 · 엄마와 아이가 최대한 구체적으로 대화하고 공감한다.

“며칠 전에 비가 왔었지? 비 오는 날 혹시 무엇을 했는지 기억나?”
“비 오는 날 뭘 했어?”라고 대뜸 질문을 하니 아이들은 멀뚱멀뚱 서로 돌아보기만 한다. 기억이 잘 나지 않는다고 고개를 가로저으며 벌써부터 힘들어하는 아이도 있다.

"선생님은 그날 아들을 학교에 데려다주러 가다가 물웅덩이에 발이 빠져서 양말까지 다 젖어 버렸어."

아이에게 대답을 요구하기보다 나의 경험을 먼저 털어놓았다. 나의 말이 끝나기가 무섭게 아이들이 너도나도 입을 연다.

"맞아요! 저도 그랬어요!"
"맞아, 맞아!"
"선생님, 저는 일부러 웅덩이에 들어갔어요!"

좀 전까지만 해도 눈치만 보던 아이들이 서로 자기가 먼저 이야기를 하겠다며 나서니 소란스러워 정신이 없다. 대화가 시작되는 소리다.

"선생님 동네는 그날 비가 처음엔 조금씩 내리더니 갑자기 엄청나게 많이 내렸어. 바람까지 불어서 우산을 썼는데도 옷이 다 젖었지 뭐야."
"선생님, 전 우산이 날아가는 줄 알았어요!"
"어? 우리 동네는 비가 별로 안 왔는데."
"선생님, 우리 학교는 엄청 좋아요. 우산 안 쓰고도 교문에서 교실까지 갈 수 있어요."

아이들은 '비 오는 날' 자신의 경험담으로 한참을 재잘댔다. 서로 깔깔거리며 별별 이야기들을 다 꺼내어 놓는 아이들. 서로 '맞아, 맞아. 나도 그랬어' 하고 공감하며 대화하는 사이에, 비 오는 날의 경험도 저마다 각양각색으로 부풀어 올랐다.

"거봐, 비 오는 날 우산 쓴 일 말고도 이렇게나 재미있는 경험들이 많잖아."

우리 아이만의 독특한 시각과 표현을 이끌어 내기 위해 엄마가 제일 먼저 해야 할 일은 바로 대화다. 아이의 경험은 구체적인 형상이나 개념으로 남아 있지 않다. 아이는 두루뭉술한 이미지나 희미한 인상으로 그것을 기억한다. 그래서 이 뭉뚱그려진 덩어리의 세세한 형태를 찾아 아이의 감각으로 그려 가는 과정이 필요하다. 이 과정 없이 무턱대고 아이에게 주제를 던져 주면, 아이는 다급한 마음이 들 수밖에 없다. 그래서 별 생각 없이도 꺼내어 쓸 수 있는 관습적인 표현에 의존하게 된다. 나이도 학교도 사는 곳도 다른 아이들이 '비 오는 날' 하니, 모두 똑같이 우산을 쓰고 있는 사람을 그린 것처럼 말이다.

어떤 경험에 대해 아이와 대화를 시도할 때, 처음부터 불쑥 질문만 던지는 것은 별로 도움이 되지 않는다. 아이가 직접 경험한 것일지라도 그 기억을 불러오려면 작은 계기가 필요하다. 이럴 때 엄마가 먼저 자신의 경험을 털어놓는 것이 큰 도움이 된다. 대화는 서로 이야기를 주고받는 것이다. 엄마가 먼저 마음을 열고 스스럼없이 자신의 이야기를 풀어내면, 아이도 자신을 드러낸다. 아이의 이야기에 충분히 귀 기울이며 공감하고 있음을 느끼게 해 주는 것도 중요하다. 이러한 엄마와의 대화 속에서 아이는 자신의 희미한 경험의 실체를 찾아 나갈 수 있을 것이다.

STEP 3· 쉬운 방법부터 사용하며 글과 그림의 이중 표현을 적극 활용한다.

"비 오는 날에 재미있는 일들이 정말 많았네! 자, 이제 다시 한 번 '비 오는 날'을 그려 볼까?"

아이들은 처음보다 훨씬 많은 것들이 떠오르는지 열심이었다. 연필로 그림 그리는 소리가 교실 안을 가득 채웠다. 그림을 그리면서 연방 옆의 친구와 비 오는 날에 대해 속닥거리기도 한다.
다들 열심히 그림을 그리는데, 우물쭈물하던 한 아이가 불쑥 묻는다.

"선생님, 글을 먼저 써도 돼요?"
"그럼, 네가 표현하기 편한 것부터 하면 돼."

아이들이 언어로 표현할 수 있는 감정과 감각은 한정적이다. 아이가 사용할 수 있는 감정어와 감각어 자체가 부족하기 때문이다. 그래서 엄마와의 대화를 통해 경험이 많이 구체화되었다고 해도, 그에 대한 자신의 느낌을 유려하게 글로 표현하기란 쉽지 않다. 이것저것 표현하고 싶은 것들이 많이 생겼는데 어떻게 써야 할지 몰라서 또 한 번 답답함을 느끼게 될 수도 있다. 이 답답함의 결말이 "참 재미있었다"일 것임은 뻔하다. 그런데 이미지에는 조금 더 쉽게 접근할 수 있다. 쉬우면 훨씬 더 많은 생각을 표현할 수 있을 것이다. 그것부터 시작해 보자.

글과 그림, 즉 언어와 이미지 중 무엇부터 먼저 표현해야 하는지, 우선순위를 매길 필요는 없다. 자신이 표현하려는 주제를 두고 이미지부터 떠올리는 아이들이 있는가 하면, 이야기부터 만들어 내는 아이들도 있다. 무엇을 먼저 해야 하는지, 무엇이 더 중요한지 정하는 것은 의미가 없다. 중요한 것은 언어 표현과 이미지 표현이 병행할 때 더욱 효과적이라는 사실이다. 글부터 쓰려는 아이들은 쓴 글을 이미지로 시각화하고, 그림부터 그리려는 아이들은 자기가 그린 그림을 다시 글로 묘사하는 과정이 필요한 것이다. 이 과정을 여러 번 반복해도 재미있다. 자신이 쓴 글을 그림으로 표현하고, 그 그림을 다시 글로 묘사하고, 이것을 또 그려 보는 식으로 말이다. 표현하고 싶어도 마땅한 길을 찾지 못해 표현할 수 없었던 감각과 감정들이 그림으로는 표출될 수 있다. 그리고 이렇게 터져 나온 저마다의 개성은 '참 재미있었다'를 결코 용납하지 않는다. 언어 표현과 이미지 표현이 병행할 때, 아이들은 자신의 진짜 경험을 자기만의 색깔로 분명하게 표현한다.

재효(8세)

　갓 학교에 들어간 재효는 감수성이 아주 풍부한 아이다. 그래서인지 재효는 비 오는 날을 주제로 대화를 나눌 때에도 특정 대상이나 사건을 설명하기보다는 다양한 감정들을 많이 쏟아냈다. 재효의 그림 역시 사물 하나하나보다 전체적인 분위기가 돋보인다. 해를 가린 우중충한 구름과 집 옆의 소나무 한 그루, 그리고 홀로 매여 있는 강아지까지 왠지 모를 쓸쓸한 느낌을 더한다. 비가 내려 풍경을 감싸는 듯 보이는 집 주변의 푸른 공간도 인상적이다. 쌀쌀해 보이기도 하고 축축해 보이기도 하는 푸른 물빛이 집과 나무의 붉은 톤과 대조되어 더욱 감상적이다. 그림을 그리는 동안에도 재효는 집이나 소나무를 잘 그리려고 하기보다는 내내 어떤 느낌을 살리려고 애쓰는 모습이었다. 그림을 통해 감정 표현에 집중했기 때문일까? 재효는 자신의 그림을 보더니 요즘 자기가 배우고 있는 ‘시’의 형식을 빌려 글을 써도 되냐고 물었다. 정말 멋진 아이디어가 아닐 수 없었다. 재효의 시에는 재효가 경험한 비 오는 날의 풍경과 감정이 고스란히 담겨 있다. 풍부하고 자유로운 감성이 감동적이기까지 하다.

2013. 10 . 15   최재흥

비오는 날

비오는 날에 신발이 젖고 옷도 젖었다.

"소나무가 흐린 빛을 막아 주네. 해님은 거의 구름 안
으로 숨었고 혼자 있는 강아지 집 옆에 멍멍 짖네."

민지(9세)

　아홉 살 민지는 '비 오는 날'에 대해 이야기를 나눌 때 "선생님, 이상하게도 해가 있는데 비가 오더라고요. 신기하죠? 해가 쨍쨍한데 비가 막 내렸어요"라고 이해가 되지 않는 듯 말했다. 그러고 보니 그런 날이 있다. 나도 미처 생각하지 못한 비 오는 날의 풍경이다. 민지의 글을 보면 '신호등이 고장나서 깜박거렸다'라는 문장이 있다. 맞다. 비가 오면 유난히 신호등이 고장나는 경우가 많다. 나조차도 '비 오는 날'에 대해 놓치는 부분이 많았다는 생각에 '아차' 싶었다. 아이들의 생각에 힘을 실어 주니 어른들보다 낫다. 민지의 그림을 '잘 그리지 못했다'고 생각할 수도 있다. 기교적으로는 조금 어눌할지 몰라도 자세히 들여다보면 민지가 대단한 관찰력을 가지고 있음을 알 수 있다. 흩날리는 빗방울을 보니 바람이 세차게 불었던 모양이다. 민지는 우산을 놓쳐서 뒤뚱거리면서도 자신의 반대편에 큰 물웅덩이가 있다는 것을 놓치지 않았다. 그뿐만 아니라, 화단의 꽃나무 이파리에 맺혀 있는 빗방울까지 아주 자세하게 표현했다.

Before

2013 10월 3일 비오는 날
1 우산   6 달팽이
2 비옷   7 지렁이
3 장화
4 번개
5 천둥

After

"오늘은 이상하게 햇빛이 쨍쨍한데 비가 왔다. 나는 웅덩이를 지나다 넘어졌다. 우산을 놓쳐서 우산이 흔들거렸다. 다른 쪽에는 물웅덩이가 너무 많아서 사람들이 안 다녔다. 신호등은 고장나서 깜박거렸다. 화단에 빗방울도 맺혔다."

채영(7세)

　보통 '비 오는 날' 하면 아이들은 비가 오는 바깥 풍경을 그린다. '비가 오고 있다'는 사실부터 그림으로 표현해야 한다는 생각이 앞서기 때문이다. 그래서 아이들은 비 오는 날의 경험이나 감정을 기억해 내기보다는 빗방울이나 우산, 장화와 같은 소재를 앞다투어 등장시켜 비가 오고 있는 상황부터 그리려 하는 것이다. 따라서 표현의 초점을 '비'가 아니라 아이의 '경험'으로 환기시켜 줄 대화가 꼭 필요하다. 빗방울이나 우산과 같이 뻔히 등장하는 소재를 쓰지 않고 주제를 표현하도록 유도해 보는 것도 하나의 방법이다.

　일곱 살 채영이가 그린 '비 오는 날'은 대번에 눈에 띄었다. 비 오는 야외의 상황을 그린 그림들이 많았기에 집 안에서 창문을 통해 비를 바라보고 있는 장면을 그린 채영이의 그림이 단연 돋보였던 것이다. 채영이는 대화 중에 비만 오면 엄마가 창밖을 보며 자기를 걱정한다는 말을 했다. 엄마로서는 비가 오면 아이의 등·하굣길이 걱정스럽기 마련이다. 비 오는 날이면 으레 어느 집에서나 있을 법한 풍경이지만, 채영이는 이를 자신만의 '비 오는 날'에 담아냈다. 채영이에게 비 오는 날은 엄마가 걱정하는 날인가 보다. 내리는 비가 보이는 창문을 바라보는 엄마의 뒷모습에서 채영이를 걱정하는 마음이 그대로 전해진다. "엄마가 우리를 데리러 갈까 말까 생각했어요"라고 엄마의 마음을 대변한 것도 재미있다. 이 진부한 주제 앞에서도 채영이의 특별함은 글과 그림 모두에서 묻어 났다.

밖에는 비가 오고 있었어요. 유치원에 간 우리 때문에 엄마가 창밖을 오래 보고 있었어요. 현정이 이모는 우리들 위해서 계란 후라이를 만들었어요. 우리는 유치원에 숙제를 하고있었어요. 엄마가 우리를 데리러 갈 까 말 까 생각했어요.

"밖에는 비가 오고 있었어요. 유치원에 간 우리 때문에 엄마가 창밖을 오래 보고 있었어요. 현정이 이모는 우리들을 위해서 계란 프라이를 만들었어요. 우리는 유치원에서 숙제를 하고 있었어요. 엄마가 우리를 데리러 갈까 말까 생각했어요."

유진(8세)

유진이는 비 오는 날을 떠올리며 태풍이 왔을 때를 이야기해 주었다. 여덟 살 유진이에게 비바람이 몰아치는 태풍이 상당히 인상적이었던 모양이다. 비는 어떻게 내리쳤는지, 바람은 어떤 소리를 내며 얼마나 불었는지 한참을 신나게 이야기한 유진이의 그림은, 당시의 상황을 실감나게 표현하고 있다. 그림 왼쪽 아래에 작은 네모처럼 보이는 차들이 전조등을 켜고 줄을 서 있다. "사고가 났는지 차들이 도로에서 꽉 꽉 막혀 있다"는 글을 통해 차들을 바라보며 걱정했던 유진이의 마음을 엿볼 수 있다. 바람이 얼마나 세게 불었는지 아파트가 휘어져 있다. "집이 무너질 정도로" 거센 바람에 아파트가 부러질까 봐 걱정이라도 했던 것일까? 컴컴한 하늘은 비바람에 사납기 그지없다. 유진이의 거친 색연필 터치가 그날의 기억을 더 생생하게 보여 준다. 그림을 그리며 다시금 태풍의 기억을 눈앞에 되살리니 "하늘은 어두컴컴, 번개가 반짝반짝, 마치 색깔 전쟁이 난 것 같다"는 참신한 표현도 어렵지 않다.

"집이 무너질 정도로 센 태풍이 왔다. 옆집을 쳐다보니 옆집의 창문이 깨졌다. 하늘은 어두컴컴 번개가 반짝반짝 마치 색깔 전쟁이 난 것 같다. 땅에서는 왠지 사고가 났는지 차들이 도로에서 꽉꽉 막혀 있었다. 우장창창 소리가 나서 정신이 없다."

지우(9세)

지우는 비 오는 날의 경험을 구체화하는 것에 머물지 않고, 자신만의 새로운 이야기를 창작했다. 대화 중에 비 오는 날 바람에 우산이 뒤집힌 경험을 신나게 풀어 놓던 지우가 그림을 그리다가 돌연 물었다. "선생님, 아까 제가 이야기한 내용을 좀 바꿔도 돼요?" 생각을 이미지로 표현하는 즐거움을 아는 친구이기에 떠오르는 것은 무엇이든 좋다며 마음껏 상상하라고 격려했다. 아마도 비바람에 뒤집힌 우산을 들고 있는 자신의 모습을 그리다가 새로운 상상에 사로잡힌 모양이다. 지우는 그림을 그리던 도중 자신이 그린 이미지를 보고 또 다른 상황을 연상했다. 지우처럼 눈에 보이는 이미지 그대로를 받아들이기보다는 자기만의 해석과 상상을 덧입히기를 좋아하는 아이라면, 자신의 생각을 자꾸 그려 보는 것이 좋다. 지우 같은 아이들은 그림을 그리면서 더 자유롭고 재미있게 생각할 수 있기 때문이다. 뒤집힌 우산 때문에 하나둘 하늘로 올라가 비구름 위에서 신나게 즐기는 지우의 그림 속 아이들처럼 말이다.

"오늘 학교에서 집에 오는 길에 비가 왔다. 그래서 나는 우산을 썼는데, 갑자기 바람이 세게 불어서 우산이 뒤집혔다. 그러더니 하나둘씩 아이들이 하늘로 올라갔다. 나도 마찬가지였다. 내가 에어바운스에서 뛰는 것보다 2배나 더 신나고 즐거웠다. 주위를 둘러보니, 몇몇의 남자애들이 놀고 있었다. 한 명은 아주 긴 빨대로 물을 빨아 먹고 있었다. 나는 그 모습이 웃겼다. 왜냐하면 꼭 자기 우산에 있는 지렁이를 먹고 있는 것 같았기 때문이다. 한참 노니, 엄마의 목소리가 들렸다. 나는 구름 의자로 내려갔다."

우리 아이들은 모두 창의적이다. 각자 다른 시선으로 세상을 보고, 다른 감각으로 세상을 느낀다. 두 아이가 똑같이 넘어져도 그 아픔에 대해 두 아이는 전혀 다르게 생각할 것이며, 똑같이 배가 고파도 그 느낌은 분명 각자가 다를 것이다. 만약 아이들이 '아프다'와 '배고프다'라는 표현을 알지 못한다면, 그들은 아픔과 배고픔을 어떻게 이야기할 수 있을까? 실제로 '배고프다'라는 단어를 사용하지 않고 배고픔을 표현해 보도록 수업을 한 적이 있다. 의외로 아이들은 쉽게 다양한 표현들을 쏟아냈다. '엄청 많은 벌레가 살을 앙 깨무는 것 같아요', '누가 뱃속을 간지럽히는 것 같아요', '텅 빈 항아리를 망치로 땡 때릴 때 항아리가 흔들흔들한 것 같아요', '뱃속이 쪼글쪼글해지는 것 같아요' 등. 아이들의 표현은 모두 달랐지만, 이야기를 듣고 보니 배고픔이란 정말 벌레가 깨물고 누군가 간지럽히고 항아리가 흔들리고 뱃속이 쪼글쪼글해지는 느낌인 것만 같다. 그런데 '배고프다'라는 단어가 허용되는 순간, 이 모든 감각은 전부 하나의 단어 '배고픔'으로 표현된다. 개별적으로 다른 감각들이 하나의 표현 안에 함몰되는 것이다.

세상을 개별적으로 감각했던 아이들이 언어를 익히고, 사회의 약속된 규칙들을 익히기 시작하면서 아이들은 자연스럽게 그 약속들 안에서 자신을 표현한다. 그 결과 자신의 진짜 경험에 집중하며 이를 자기만의 방법으로 표현하기가 더 어려워진다. 자신만의 표현보다 '남들처럼' 표현하기가 더 편해지는 것이다. 그림일기는 자신이 보고 듣고 느낀 경험에 집중하고 이를 확장하는 과정, 그리고 약속된 언어와 유형을 벗어난 자기 표현력을 기르는 과정과 직결되어 있다. 결국 내 아이만의 경험을 회복하고 이를 표현하도록 이끄는 그림일기 훈련이 아이의 잠재된 창의성을 수면 위로 떠오르게 할 것이다.

YEARLY PLAN

3 MARCH	**4** / **5** APRIL / MAY	**6** JUNE	**7** / **8** JULY / AUGUST
그림일기 쓰기 그림일기는 소소한 일상도 확장할 수 있는 힘을 길러 줍니다.	**과학상상화와 발명품 대회** 과학상상화와 발명품 대회는 열린 상상의 힘을 길러 줍니다.	**주제 그림 그리기** 주제 그림 그리기는 같은 주제 앞에서도 다르게 표현할 수 있는 힘을 길러 줍니다.	**여름방학 체험학습 보고서 쓰기** 체험학습 보고서는 창의적인 경험을 가능하게 합니다.
9 SEPTEMBER	**10** OCTOBER	**11** / **12** NOVEMBER / DECEMBER	**1** / **2** JANUARY / FEBRUARY
독서 감상문 쓰기 독서 감상문은 '나'를 중심으로 책을 읽을 수 있도록 도와줍니다.	**독서 감상화 그리기** 독서 감상화는 책을 새롭게 발견하는 과정입니다.	**엄마가 할 수 있는 선행학습** 아이의 과제가 적은 틈을 타, 엄마도 공부할 시간을 가져 봅시다.	**아이와 함께하는 시간** 학교 과제로 아이와 함께 직접 수업을 만들어 나갈 수 있습니다.

4월·5월

과학상상화와 발명품 대회

열린 상상의 힘

"우리 아이 학교에서는 과학 발명품 대회랑 과학상상화 그리기 대회 둘 중 하나를 선택하라는데, 좋은 아이디어 있으면 좀 알려 주세요."

"과학의 달이라고 무슨 행사가 이렇게 많아요? 다 엄마가 도와줘야 할 수 있는 거라서 너무 힘들어요."

"우리 아들이 과학 발명품 대회에 나간다고 학교에서 아이디어 계획서를 써 왔는데, 만들어 가야 한다고 하네요. 이걸 어떻게 만들어야 할지, 너무 막막해요. 이런 건 과학 학원에서 준비해 주나요? 아니면, 미술 학원에 가야 하나요? 어디에 물어봐야 할지……."

"저는 우리 딸한테 엄마는 어떻게 하는지 모르니까 알아서 준비하라고 했더니, 다른 아이들은 다 학원에서 해 오거나 엄마가 해 준다며 화를 버럭 내더라고요."

"근데 매년 그놈의 과학상상화 그리기 대회 때문에 아주 골치가 아파요. 아이가 뭘 그려야 할지 물어보는데, 뭐라고 말해 줘야 할지 모르겠어요. 아이한테는 '그건 네가 알아서 해야지' 하고 쿨한 척 하지만 사실 잘 몰라서 그러는 거예요. 그러다가 결국 인터넷을 뒤지게 되죠. 검색창에 '과학상상화 그리기'라고 치면, 그림이 엄청 많이 나와요. 뭐, 어쩔 수 없잖아요?"

많은 엄마들이 '과학의 달' 대회 앞에서 유독 욕심을 내며 안달한다. 그도 그럴 것이 '과학의 달' 대회가 한 해의 첫 번째 수상 기회인 경우가 대부분이기 때문이다. 사실 매년 개최되는 교내 대회 앞에서 뭘 그리 유난스럽게 구냐며 혀를 내두를 수도 있다. 하지만 어른들 눈에는 대수롭지 않아 보이는, 그저 지겹기만 한 학교 대회들이 아이에게 미치는 영향은 막강하다. 이 별것 아닌 학교 대회들이 바로 아이들이 처음으로 겪게 되는 '경쟁'이기 때문이다. 경쟁은 승자와 패자를 낳는다. 어른들이야 살면서 숱하게 겪는 일이지만 아이들에게 이 학교 대회는 성공 혹은 실패를 경험하는 계기가 된다. 부모 입장에서야 당연히 아이들이 성공을 경험하기를 바랄 것이다. 하지만 아이들의 생각은 쉽게 알 수 없다. '난 어차피 상도 못 탈 텐데……'라며 시도조차 하지 않을 수도 있다.

잘만 하면 내 아이가 처음으로 상을 탈 수도 있는 절호의 기회다. 그런데 아이는 엄마 마음에 들도록 악착같이 욕심을 내지 않는다. 하지만 과학상상화 대회와 발명품 대회 앞에서 아이의 마음도 막막하기만 할 것이다. 사실 과학이 무엇인지도, 과학이 우리의 삶과 생각을 어떻게 변화시키는지에 대한 인식도 아직 정립되지 않은 아이들에게 과학을 상상하라고 하고, 갑자기 무엇인가를 발명하라고 하니, 주제 자체가 아이들에게는 모호하고 어려울 수밖에 없다. 실상이 이렇다 보니 과학에 대한 아이들의 접근은 대단히 막연하고 두루뭉술하다. 아이들의 머릿속에서는 공상 과학 만화나 영화의 장면들이 뒤엉키기도 한다. 그 결과, 과학상상화 대회의 단골 주제는 여전히 우주 도시와 수중 도시를 벗어나지 못한다. 심부름 로봇과 하늘을 날 수 있는 자동차는 덤이다.

열심히 해 보자며 아이를 다그치는 엄마도 막막하기는 마찬가지다. '과학'이라는 이름으로 덩그러니 던져진 과제를 두고 무엇을 어떻게 접근해야 할지, 그저 안내문만 뚫어지게 쳐다볼 뿐이다. 아이 스스로 하도록 내버려 두자니 불안하고, 엄마가 직접 나서서 도와주자니 마음만 앞설 뿐 어디서부터 어떻게 시작해야 할지 모르겠다.

과학상상화의 단골 주제는 여전히 우주 도시와 수중 도시다.

베테랑
엄마에게
물어보세요

Q 우리 아이는 과학상상화 그리는 것을 너무 어려워해요. 뭘 그려야 할지 모르겠다더니 아예 주제도 못 잡네요.

아이가 그릴 수 있는 '과학'에 대한 이미지가 부족할 수 있어요. 아이에게 '과학이란 무엇일까?'라고 질문해 보세요. 아이는 대단히 난감해 하거나 '실험이에요', '계산이에요', '답을 찾는 거예요' 등 파편적인 이미지만을 제시할 것입니다. 이는 애초에 질문 자체가 아이들에게 너무 포괄적인 거예요. '과학'은 철학적이고 지적인 사고를 요구합니다. 그런데 과학에 대해 지극히 작은 조각들만 가지고 있는 아이들에게 무턱대고 과학상상화나 발명품 대회를 던져 주니 무엇부터 시작해야 할지 갈피를 잡지 못하는 것이 당연하죠.

상상력에도 밑미가 필요해요. 상상력을 '0에서 100을 창조하는 능력'이라고 생각한다면 인류 역사상 그 누구도 이를 가져본 적이 없을 거예요. 상상력도 일종의 경험이에요. 자신의 감각과 정서를 종합하고 조직하는 과정을 통해야만 새로운 것을 창조할 수 있어요. 다시 말해 내가 보고 느낀 것, 알고 있는 것을 토대로 이를 재편성하는 과정을 거쳐야만 실재를 초월하는 새로움에 도달할 수 있는 것이죠. 그렇다면 과학이 발전한 미래의 모습을 상상하기 위해서라도 '과학' 자체에 대한 경험이 분명히 존재해야 합니다. 과학적 사고의 경험, 과학에 대한 정보와 지식, 그리고 그에 대한 감정 등의 토대가 필요한 것이죠.

아이들이 생각하는 과학자는 삼각 플라스크를 들고 실험하는 사람입니다. 물론 동그란 안경을 쓰고 하얀 가운도 입어야 하죠. 아이들이 가지고 있는 과학에 대한 이미지는 상투적이고 단편적입니다. 실험하고 연구하고 계산해서 우리의 삶을 편리하게 해 주는 기계를 개발하는 것만이 과학이라는 생각 안에 머물고 있어요.

Q 우리 아이는 과학상상화 앞에서 자꾸 허무맹랑한 주제만 늘어놓아
요. 만화 영화의 영향일까요?

아이는 지금 '과학'과 '상상'의 개념 앞에서 혼란을 겪고 있을 수 있습니
다. 개념의 충돌을 겪는 것은 사실 엄마들도 마찬가지예요. 많은 사람들
이 과학과 상상을 반대 개념으로 이해하죠. '과학'은 체계적이고 논리적
이며 확실하고, '상상'은 초월적이고 비논리적인 활동이라고 생각하기 쉽
습니다. 예컨대, 상담을 하다 보면 많은 어머니들이 "우리 아이는 수학,
과학을 좋아하고 논리적이에요"라고 자부하는데, 이 경우 대부분 "상대
적으로 상상력이 부족해요"라고 이야기합니다. 수학, 과학을 좋아하는 아
이는 논리적이고 체계적인 사고를 하기 때문에 상상력은 부족할 수밖에
없다고 생각하는 것이죠.
과학과 상상은 정말로 양립할 수 없을까요? 논리적이고 체계적인 아이
는 정말로 상상력이 부족할 수밖에 없을까요? 어른들의 편견 속에 닫혀
버린 개념이 오히려 아이의 상상력을 방해하는 것은 아닌지 되짚어 보
아야 합니다.

Q 아이가 발명품 대회를 준비하는 것을 가만히 보자니 정말 아이디어
를 내지 못하더라고요. 자꾸 늘어나는 로봇 팔을 만들겠다는 등, 타
임머신을 만들겠다는 등 자기 힘으로는 절대 실현 불가능한 이야기
만 하네요.

아이가 발명에 대하여 어떠한 정의를 가지고 있는지, 그것에 어떻게 접근하고 있는지부터 확인해 볼 필요가 있습니다. 대부분의 아이들이 생각하는 '발명'은 두 가지 얼굴을 가지고 있어요. 아이들은 신나고 재미있는 작업으로 생각하고 발명을 동경하는 동시에, 감히 넘볼 수 없는 천재들의 어렵고 힘든 작업이라 느끼기도 합니다. 그도 그럴 것이 매체를 통해 아이들이 만나게 되는 발명가들은 모두 엄청난 일을 해내는 사람들이죠. 애니메이션 〈뽀롱뽀롱 뽀로로〉의 발명가 에디는 돌이 과자로 변하는 기계를 발명하기도 하고, 친구와 똑같은 모습으로 변신하는 기계를 만들기도 합니다. 마찬가지로 애니메이션 〈하늘에서 음식이 내린다면〉의 플린트는 햄버거, 소시지, 피자, 초콜릿같이 자기가 좋아하는 음식들을 마구 쏟아 내는 기계를 발명해요. 아이들이 좋아하는 영화 〈아이언 맨〉의 토니 스타크Tony Stark는 며칠 밤 만에 무적의 아이언 맨 슈트를 만들어 내기도 합니다. 그리고 아이들이 이런 초현실적인 발명품에 열광하죠.

아이들이 다양한 매체를 통해 접하게 되는 발명가들은 불가능한 것을 가능하게 하고, 꿈꾸던 것을 현실로 이루어 주는 사람들입니다. 따라서 일상적이고 사소한 불편을 개선할 수 있는 방안이 곧 발명으로 연결될 수 있다는 생각을 하지 못해요. 그러니 발명처럼 엄청나게 대단한 창조를 해야 하는 작업이 자신들에게 주어지면 당황스러울 수밖에 없겠죠? 실제로 발명품 대회를 준비하며 아이들의 아이디어를 받아 보면, 로봇 팔이나 만능 리모콘같이 전에 없던 물건에 대한 생각을 먼저 제시합니다. 아이들은 '발명'이라는 거대한 미션 앞에서 혼란스러워합니다.

과학상상화와 발명품 대회로 우리 아이의 능력을 기울 수 있을까?

과학의 달 행사의 큰 축은 역시 과학상상화 대회와 발명품 대회다. 무엇이 되었든 엄마들에게는 부담스러운 과제다. 그렇기에 엄마들이 모이는 인터넷 카페나 아이들 학습과 관련한 사이트에는 상상화와 발명품 대회 수상작 예시들이 어김없이 게시되어 있다. 아예 그리는 법이나 만드는 과정까지 모두 제시되어 있는 경우도 있다. 하지만 누군가가 인터넷에 올려놓은 아이디어를 그대로 따라 하고서도 그저 상만 받으면 그만인 것일까? 만약 그렇다면, 내 아이가 상상력이 풍부하고 창의적이기를 바라는 것은 우스운 모순일 것이다. 구태의연하고 익숙한 과제 앞에서도 의심하고 질문하는 엄마가 아이를 창의적으로 키울 수 있다. 귀찮고 막막하기만 했던 과학상상화 대회와 발명품 대회 준비도 조금만 관심을 가지고 접근하면 재미있는 수업이 된다.

과학상상화와 발명품 대회는 아이들의 열린 상상력을 키우는 데 효과적이다. 얼핏 과학과 상상이 대치되는 개념이라고 오해하기 쉽다. 하지만 엄마들부터 과학 과목을 과학의 전부라고 생각해서는 안 될 것이다. 과학은 의심의 세계이자 창조의 학문이다. 과학자는 현재를 의심하고 반박하며 그 너머를 상상한다. 과학이란, 현재의 결론이 언제든 전복될 수 있는 불확실한 세계이기 때문이다. 그 때문에 과학에서 상상력은 언제나 중요한 열쇠가 되어 왔다. 그러나 아이들에게는 교과서와 문제집 안의 정답이 과학의 전부다. 따라서 교과서 밖을 벗어나 스스로 수많은 해답들을 찾아 나갈 수 있는 과학상상화와 발명품 대회 활동은 무척이나 중요하다. 과학을 보다 열린 개념으로 이해하고, 그 속에서 자유롭게 상상할 수 있는 계기가 될 수 있기 때문이다.

먼저 과학상상화와 발명품 대회는 '과학'이라는 큰 주제에 대해서 다각적으로 접근할 수 있는 계기가 된다. 많은 아이들이 왜 배워야 하는지 알지도 못한 채 주어진 대로 공부하고 정답을 찾는 과정 속에서만 과학을 읽고 쓰고 배운다. 따라서 과학 교과서만이 과학의 전부라고 생각하기 쉽다. 그 결과, 아이들은 점점 과학을 재미없고 어려운 학문으로 느낀다. 아이들을 가르치다 보면, 초등학교 때에 과학 과목을 좋아했던 아이들이 중학교만 가도 무척 싫어하는 경우를 많이 볼 수 있다. 수학도 마찬가지다. 초등학교 때는 수학을 곧잘 했던 아이가 중학교만 가면 점수가 현저하게 떨어지는 경우를 많이 접하게 된다. 엄마들이 제일 무서워하는 수포자(수학 포기자), 과포자(과학 포기자)의 조짐이 초등학교 때에는 나타나지 않을 수도 있다. 하지만 하나의 정답만을 찾기 위한 과학 교육, 수학 교육이 초등학교 6년 동안 계속해서 쌓이다 보면, 자연스럽게 과학과 수학은 정답을 찾기 위해 계산하는 학문이 되어 버린다. 초등학교 때에는 조금만 공부해도 쉬웠던 정답 찾기가 학년이 높아질수록 복잡해지고 어려워진다. 쉽게 정답을 찾지 못하니 수학, 과학 과목 자체에 대한 흥미도 떨어진다. 점수가 함께 떨어지는 것은 당연지사다. 하지만 과학상상화와 발명품 대회는 자유롭게 생각하고, 그림으로 표현하고, 손으로 만드는 활동이다. 그 안에서 아이들은 교과서 안의 과학, 실험하고 계산하고 암기하는 과학이 아닌 '체험하는 과학'을 접할 수 있다. 아이들은 과학상상화와 발명품 대회를 통해 과학의 다양한 얼굴을 발견할 것이다. 그리고 이는 자연스럽게 과학 자체에 대한 흥미로 이어질 것이다.

초등학교 시절에 이루어지는 기초 과학 교육의 큰 목표 중 하나는 '과학적 사고'를 키우는 데 있다. 과학적 사고에 대한 정의는 다양하고 복합적일 수 있다. 그러나 그 중심에는 분명 현재를 의심하고 질문하는 사고의 과정이 자리한다. 예를 들어, '물은 100℃에서 끓는다'는 명제를 배우는 과정을 살펴보자. 어떤 아이는 물의 끓는 점은 100℃라고 외우기만 하고, 어떤 아이는 '정말로 100℃에서 끓을까?', '왜 그럴까?'를 의심하고 질문할 수도 있다. 외우기만 하는 아이의 공부가 암기에서 끝난다면, 의심하고 질문하는 아이의 공부는 자신의 질문에 대한 해답을 찾을 때까지 계속될 수밖에 없다. 설령 당장은 두 아이의 과학 시험 점수가 같다 하더라도 의심하고 질문하는 아이의 '과학적 사고'는 자기 주도적인 학습 습관뿐 아니라 더 많은 지식을 포용할 수 있는 능력도 키울 것이다. 과학적 사고를 키우기 위한 노력은 다방면에서 이루어질 수 있다. 그러나 분명한 것은 과학적 사고가 수학, 과학 문제집을 많이 푼다고 길러지는 것이 아니라는 점이다. 문제 풀이는 정해진 정답을 찾아가는 과정이다. 여기에는 의심의 여지가 없다. '왜?'는 없고 '어떻게?'만 있을 뿐이다. 아이들은 문제 자체를 의심하고 질문하지 않는다. 스스로 문제를 해결하려 하기보다는 정해진 풀이 과정을 맞춰 나가려고 할 뿐이다. 그러나 과학상상화나 발명품 대회는 무수한 해답이 가능한 열린 질문이다. 아이들은 질문 자체에 다시 물음표를 던질 수도 있다. '과학이 뭘까?', '무엇이 필요할까?', '왜 필요한가?'를 의심하고 고민해 볼 수 있는 것이다. 그렇기 때문에 과학상상화나 발명품 대회를 잘 활용하면, 교과서나 문제집의 정답 찾기 안에서는 할 수 없었던 과학적 사고를 경험할 수 있을 뿐 아니라 의심하고 질문하는 습관까지 기를 수 있다.

　하나의 정답이 정해져 있지는 않지만, 의심하고 질문하는 과학적 사고가 필요한 과제가 바로 과학상상화와 발명품 대회다. 그렇기 때문에 과학상상화와 발명품 대회를 준비하는 과정 동안 문제에 대해서 스스로 다양한 해답을 찾아갈 수 있는 능력을 기를 수 있다. 예컨대 '높은 빌딩 위에서 달걀을 던져도 깨지지 않게 할 방법은 무엇일까?'에 대한 해법을 아이 스스로가 찾아야 한다고 해 보자. 이 문제에 대해서는 수없이 많은 해답들이 존재할 수 있다. 하지만 하나의 정답에만 익숙한 아이는 이러한 문제 앞에서 큰 어려움을 겪는다. 어떻게 풀어 나가야 할지, 어떤 정답을 향해야 하는지 짐작조차 할 수 없기 때문이다. 문제 해결 능력이란 하나의 정답을 찾는 능력이 아니다. 다양한 해답에 열려 있는 문제에 대하여 스스로 그 풀이를 창조할 수 있는 능력이다. 하나의 정답만을 찾기 위해서는 정해져 있는 풀이 과정을 숙지하기만 하면 그만이다. 그렇기에 과학 시험 성적이 높은 아이라고 해서 문제 해결 능력이 뛰어나다는 보장은 없다. 안타깝게도 우리 아이들의 학습 과정은 문제 해결 능력에 초점을 맞추기보다는 정해진 풀이 과정과 정답을 남들보다 더 많이 더 빨리 숙지하고 암기하도록 다그치고 있다. 당연히 교과 과정에만 집중하다 보면, 진정한 문제 해결 능력을 훈련하기 쉽지 않다. 따라서 과학상상화와 발명품 대회를 이용하여 다각도로 문제에 접근해 보는 경험은 매우 소중하다. 스스로 열린 해답을 찾아가는 과정을 경험할 수 있기 때문이다.

과학상상화와
발명품 대회
단계별 훈련법!

STEP 1 · 익숙한 주제도 스스로 의심하게 하고 문제를 제기한다.

"자, 오늘은 미래의 자동차를 상상해 보자. 미래에는 어떤 자동차가 생길까?"

자동차는 아이들이 아주 좋아하는 주제 중 하나다. 그래서인지 미래 자동차는 우주 도시만큼이나 과학상상화에 자주 등장하는 모티프다. 발명품 대회에서도 아이들은 유독 새로운 기능이 있는 자동차를 만들고 싶어 한다. 그렇다면 다른 소재보다 훨씬 다양한 상상력들이 발휘되지 않을까?

"날개 달린 자동차요!"
"버튼만 누르면 로봇으로 변신하는 자동차요!"
"잠수할 수 있는 자동차요. 바다 밑에서도 갈 수 있게요."

아이들은 신이 나서 이야기했다. 하지만 아이들이 이야기한 하늘을 나는 자동차나 로봇으로 변신하는 자동차, 잠수할 수 있는 자동차 등은 전혀 새로울 것이 없다. 만화나 영화, 장난감이나 캐릭터 상품 등의 콘텐츠에서 본 자동차들과 별로 다르지 않기 때문이다. 그리고 열띤 공방 끝에 아이들의 결론은 '만능'으로 치닫고 있었다.

(설명)
1. 공기물, 가스 전지 배터리 안 사용하고 혼자 간다.
2. 100명이 탈수 있다
3. 날 수 있다.
4. 차가 아무 데나 간다
5. 장난감으로 변할수 있다

1. 하늘도 날고, 바다도 가고, 땅도 갈수 있는 차.
2. 공기, 전기, 가스, 안쓰는 좋아로도 갈수 있다.
3. 운전사가 초록수도 있음으로 내비에 따라 저절로가는 장에가 있다.
4. 접었다 펴는 장치도 있고, 고정돼게 하는 장치도 있음.

"조금 더 생각해 볼까? 하늘이든 바다든 어디든지 갈 수 있고, 연료 없이도 움직일 수 있고, 사람이 운전을 하지 않아도 알아서 움직이는 자동차, 장난감이나 로봇으로 변할 수 있는 자동차가 정말로 너희들이 상상한 자동차니? 만화나 영화에서 한 번도 본 적이 없는 자동차야?"

아이들은 숨기고 싶은 약점이라도 들킨 양 우물쭈물하며 말했다.

"또봇이라고, 로봇으로 변신하는 자동차 장난감이 있어요."
"영화에 하늘을 나는 자동차는 많이 나와요. 자동차 타고 우주에도 갈 수 있어요."
"배트카(영화 〈배트맨〉에 등장하는 배트맨의 차)는 자동으로 운전이 돼요."

자기 스스로 상상한 줄만 알았던 자동차들이 사실은 만화나 영화에서 본 이미지라는 것을 아이들은 깨닫기 시작했다. 게다가 다른 친구들이 상상한 자동차들과 비교하며, 모두의 상상이 만능 자동차로 향하고 있음을 발견했다.

"만능 자동차를 꿈꾸는 사람들은 참 많지. 그런데 정말로 자동차를 개발하는 사람들은 요즘 어떤 자동차를 상상하고 있을까? 아직 사람들이 실제로 타고 다니지는 않지만, 열심히 연구하고 있는 자동차들을 한번 살펴볼까? 그리고 우리가 직접 그 자동차들에 대해서 평가를 내려 보면 어떨까?"

실제로 연구하고 있는 미래의 자동차라니, 아이들의 호기심이 급증했다. 게다가 전문가의 연구를 두고 평가까지 내릴 수 있다고 하니 진지해지기까지 했다. 각자 어떤 자동차가 왜 마음에 드는지, 무엇이 좋은지, 혹은 무엇이 마음에 들지 않는지, 부족한 점은 무엇인지 종이에 적어서 붙여 보도록 했다.

"신기하다", "멋있다" 등의 감탄사도 많았지만 "바퀴가 커서 빨리 갈 것 같다", "모래 위에서 갈 수 있어서 좋다", "제트기같이 생겨서 빠를 것 같다" 등 나름의 기준이 엿보이는 평가도 제시되었다. 무조건 답습하고 모방하는 것이 아니라 나의 상상, 그리고 다른 사람의 상상까지도 의심하고 평가를 내리는 과정을 통해 아이들은 점차 만능 자동차에서 벗어나기 시작했다.

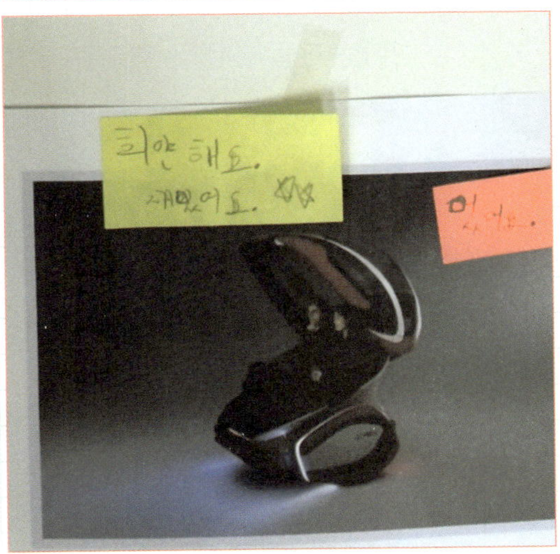

실제로 연구 중인 미래의 자동차 이미지에 아이들이 평가를 내렸다.

　아이들이 어디든지 갈 수 있는 자동차나 변신 자동차를 떠올리는 것은 어찌 보면 너무나 당연하다. 아이들이 좋아하는 장난감, 영화나 만화에 자주 등장하는 미래형 자동차들의 모습이 바로 그렇기 때문이다. 아이들은 매체에서 접한 미래 자동차의 놀라운 기능에 심취한다. 문제는, 그런 이미지들이 알게 모르게 일방적으로 주입된다는 것이다. 아이들은 자기도 모르게 주입된 이미지를 답습한다. 그리고 여기에 머무르다 보면, 진짜 자신의 상상력을 발휘할 수 없다. 익숙한 주제에 대해서도 그것이 차용된 이미지는 아닌지, 습관적으로 답습하는 이미지는 아닌지를 의심해 보고 문제를 제기해야 한다. 이 과정은 아이들이 자신의 진짜 상상력에 집중할 수 있도록 만들어 줄 것이다.

STEP 2 · 상상력에도 단서가 필요하다

"과학이 발전한 미래의 모습을 상상해 볼까?"

과학상상화 그리기를 준비하는 아이들에게 큰 화두를 던져 보았다. 아이들은 생각보다 즐겁게 이런저런 아이디어를 떠올리는 모습이었다.

"우주에 아파트를 지을 수 있게 돼요."

"로봇이 청소도 해 주고 밥도 해 주고 공부도 대신 해 주고 학원도
대신 가 줘요."
"구름 위에서 놀 수 있게 돼요."
"자동차가 하늘을 날 수 있어요."

역시나 우주 도시와 심부름 로봇, 하늘을 나는 자동차가 등장한다.
계속해서 제지 없이 이야기하도록 했더니 급기야 요정을 만날 수
있게 된다는 둥 모든 사람들이 아이언 맨 슈트를 입고 날아다닌
는 둥 이야기가 점점 산으로 갔다. 대체 과학을 무엇이라고 생각하
고 있는 것일까? 아이들은 과학을 도깨비 방망이나 요술봉 정도로
생각하고 있는 것일까?

"재미있는 기사가 있는데, 같이 한번 읽어 볼까?"

요즘은 아이들이 좋아할 만한 재미있는 과학 잡지들이 많다. 가까
운 서점이나 도서관에만 가도 다양한 어린이 과학 잡지들을 쉽게
볼 수 있다. 어린이를 대상으로 하는 잡지라 해도 내용이 무척 알차
다. 아이들이 좋아하는 영화나 만화 속 현상들을 과학적으로 설명
하거나 최신 발명품들을 소개해 호기심을 자극하는 것은 물론이고,
분야별로 최근 주목받고 있는 연구들까지 꽤 심도 있게 소개한다.
이것들을 십분 활용해 다양한 과학 잡지에서 찾은 몇 가지 이슈들

을 던져 주었다.

인간의 뇌가 얼마나 신비로운지를 다루면서 뇌 신경 연결 지도를 그리기 위해 현재 진행 중인 '휴먼 커넥톰 프로젝트Human Connectome Project, HCP'에 대해 자세하게 소개한 기사, 인체의 움직임과 소프트웨어를 연동하는 '소프트 라이프스타일soft lifestyle' 기술이 일상생활에 필요한 서비스를 보다 간단하게 수행할 수 있게 할 것이라고 소개한 기사, 자연을 모방하여 신소재 개발이나 건축 설계에 이용하는 '생체모방공학'에 대한 기사 등을 아이들에게 제시했다. 함께 읽고, 궁금한 점이 생기면 서로 질문도 해 보고 나름의 답도 찾았다. 아이들은 기사의 내용과 연계해 다양한 상상을 쏟아냈다.

"선생님, 뇌 지도가 완성되면 다른 사람의 생각을 컴퓨터로 옮기는 기계도 나오지 않을까요?"

"뇌를 보관하면 죽은 사람의 생각도 알 수 있게 되지 않을까요? 저는 아인슈타인의 뇌를 보고 싶어요."

"손만 까딱하면 자동차도 내 앞으로 오고 컴퓨터도 켜지고 전화도 걸 수 있게 되면, 아빠들이 회사에 안 가도 되겠어요. 일도 손만 까딱까딱하면 다 되지 않겠어요?"

"도시가 전부 생체 모방 기술로 만든 건물들로 이루어진다면, 신기한 정글처럼 보이지 않을까요?"

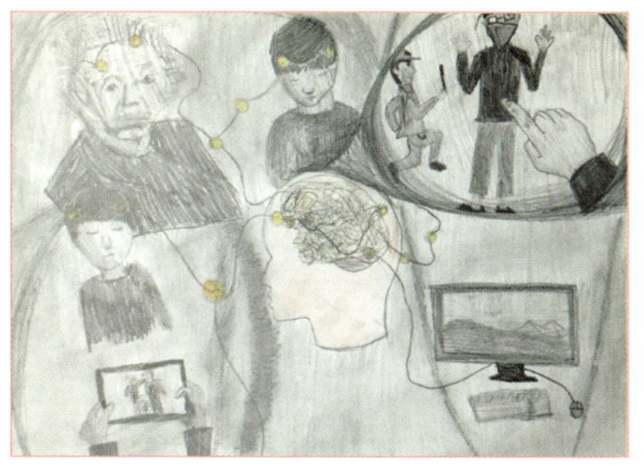

수현이(11세)의 과학상상화

〈거미를 이용한 건축물〉

"생체 디자인은 동물이나 곤충의 기능을 이용(응용)해서 디자인을 하는 것입니다. 저는 생체 디자인을 할 때 거미를 응용해서 디자인했습니다. 거미는 8개의 다리를 이용해서 자유자재로 움직일 수 있습니다. 자유자재로 움직이는 거미의 능력을 이용해 이사하지 않고 원하는 곳으로 움직일 수 있는 건축물을 디자인했습니다.

현재 건물과는 다르게 다리가 받쳐 주는 몸통 아래가 비어 있어서 공원이나 놀이터 등으로 이용할 수 있다는 장점이 있습니다. 또 현재 도로와는 다르게 도로 모양도 다양하게 변할 것입니다."

재민이(10세)의 과학상상화

〈뇌 연구〉

"인간의 뇌는 기억, 생각, 감각 등 몸에 명령을 내리는 신체의 특별한 부분이다. 뇌는 신비롭기 때문에 진실이 많이 밝혀지진 않았다. 우리가 만약 뇌의 비밀을 알게 되면 사람의 기억 등을 알 수 있다. 나는 그 뇌의 기억을 알아낸 장면을 바탕으로 해서 죽은 사람이 어떻게 죽었는지를 그렸다. 나는 죽은 사람의 뇌를 모니터에 연결해 어떻게 죽었는지를 알아내는 그림을 그렸다. 또 그 사람의 비밀, 가족, 죽은 이유 등을 알아낼 수도 있다."

막연하게 '과학'이라는 주제만 던져 주고 상상을 요구할 때에는 흡사 마법의 세계, 만능의 세상을 떠올렸던 아이들이 구체적인 단서를 제공하자 나름의 근거를 제시하며 풍부한 상상력을 발휘하기 시작했다. 이른바 상상도 논리적으로 하기 시작한 것이다. 그렇다고 상상력 그 자체에 경계가 생긴 것도 아니다. 오히려 자신의 상상에 자신감을 갖고 더 멀리, 더 새로운 미래를 꿈꾸고 있었다.

사실 '과학상상화'라는 제목은 아이들에게 혼란을 준다. 아이들은 과학에 대해 단편적인 이미지만을 가지기 쉽기 때문이다. 대체로 아이들이 생각하는 과학은 기계적mechanical이고 기술적technical이며 확실한 정답을 가지고 있다. 반면에 상상은 불확실하고 비현실적이며 무엇이든 가능한 활동으로 인지한다. 따라서 과학과 상상이 서로 양립할 수 없다고 느낄 수 있다. '과학상상화'를 그려야 하는데 과학과 상상의 개념이 충돌하니 아이들은 시작부터 갈피를 잡을 수가 없다. 과학이 무엇인지도 잘 모르는데 심지어 이를 상상하라고 하다니 혼란이 가중될 수밖에 없는 것이다. 그리고 그 결과, 과학은 버려둔 채 허무맹랑한 상상에만 집중하게 된다. 그렇기 때문에 무턱대고 상상만을 요구하기보다는 과학적 현상에 대한 자료나 이미지, 과학 이슈에 대한 기사 등을 이용해 단서를 제공하는 방법이 아이의 상상력에 좋은 길잡이가 될 수 있다.

"어떤 물건을 사용하면서 불편했던 경험을 생각해 볼까?"

과학 발명품 대회를 준비하는 아이에게 말했다. 어른에 비해 손발도 작고 키도 작은 아이들, 아직 다 자라지 않아 몸짓이 어설프고 야무지지 않은 아이들이 쓰기 불편한 물건들부터 찾아보기로 한 것이다.

"의자가 불편하다, 지우개가 잘 안 지워진다 등 사소한 것들도 괜찮아."

충분히 생각하고 자유롭게 쓸 수 있도록 종이 한 장을 건네주었다. 하얀 종이 앞에서 아이는 정말 한참을 고민했다. 시간이 흐를수록 아이는 난감한 표정을 지었다.

"선생님, 전 불편한 게 정말 하나도 없는데요."

종이는 백지였다.

"정말? 급하게 생각하지 말고 천천히 다시 한 번 생각해 봐. 학교에서든 학원에서든 집에서든 네가 사용하는 물건이라면 무엇이든 상관없어. 쓰기 힘들거나 불편한 물건이 없니?"
"진짜예요. 정말 불편한 게 없는데……."
"그래?"

불편도 당연하게 생각하면 적응이 된다. 아이도 분명 자신의 불편함이 개선될 수 있다는 생각조차 하지 못했던 것 같다. 조금만 관심을 기울여 문제를 발견하고 이를 개선하면 굉장한 발명이 될 수도 있다는 생각부터 심어 줄 필요가 있었다. 동기 부여가 부족했던 것이다.

"옛날 원시인들은 하루하루 먹고 사는 것이 너무나 힘들어서 어떻게 해야 사냥감을 잘 잡을 수 있을까 엄청 고민했대. 그래서 누가 가르쳐 주지 않았는데도 돌도끼를 만들었어. 땅에 있는 돌을 아무거나 집어서 던지는 것보다 돌을 깨거나 갈아서 뾰족하게 만든 돌도끼를 던지면 사냥감에게 더 위협적이라는 사실을 발견했던 것이지. 그렇게 돌도끼로 사냥을 해서 드디어 동물을 잡았는데, 이번엔 사냥감이 너무 커서 가족들이 나눠 먹기가 힘들었어. 그래서 사냥감을 잘 썰어서 나눠 먹을 수 있도록 납작한 돌을 날카롭게 갈아 돌칼을 만들었대. 매번 작은 동물들만 잡아먹기는 지겨우니까 큰 동물을 잡기 위해 창을 개발했어. 큰 동물들은 가까이 가면 위험할 수도 있으니까 멀리서 공격해야 했거든. 그래서 멀리서 던져 사냥감을 잡을 수 있는 무기를 생각하다가 '창'을 발명하게 된 거지. 그리고 날아가는 새를 잡기 위해 화살도 만들었단다."

"우와, 어떻게 그런 생각을 했지?" 아이는 신기한 듯 말했다.

"우리도 생활 속에서 사용하는 물건에 불편한 점은 없는지, 또 더 필요한 기능은 없는지 조금만 집중해서 생각하면 굉장한 발명도 할 수 있어!"

의욕을 가지고 다시 한 번 자신의 생활과 자신이 사용하는 물건들을 돌아보는 아이를 위해 구체적인 질문들도 던졌다.

"집 안에서 사용하는 물건들 중에서 엄마 아빠보다 네 키가 너무 작아서 쓰기 불편한 것이 없었니? (사실 집 안에서 가족들이 공동으로 사용하는 것들은 대부분 성인 기준으로 만들어져 있다)"
"네가 앉아서 공부하는 책상에 어떤 기능이 있으면 좋겠어?"
"책상 정리할 때나 학교 준비물 챙길 때 물건들이 네 마음대로 정리가 안 되어서 짜증난 적 없니?"

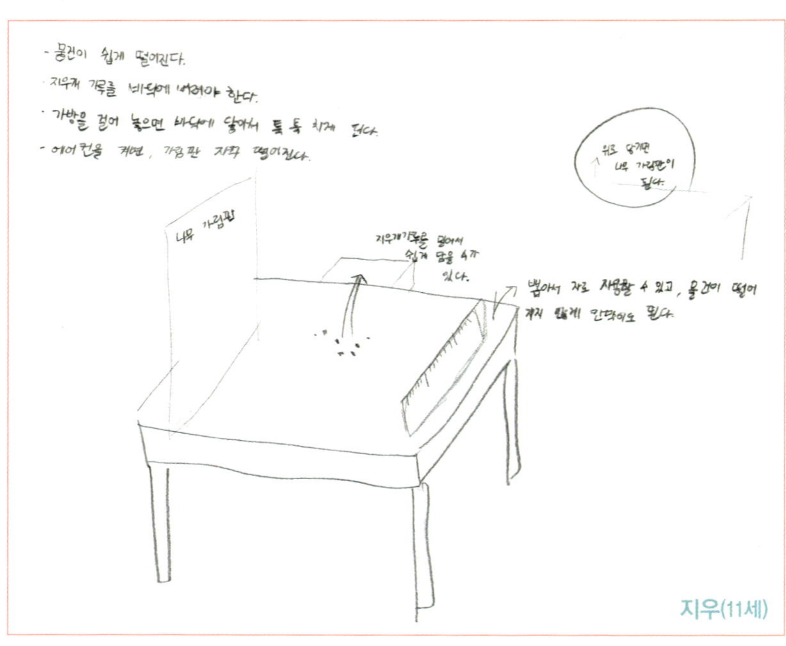

지우(11세)

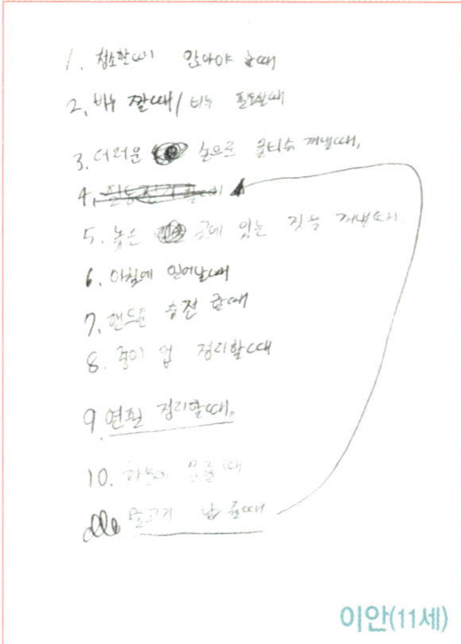

이안(11세)

아이들이 자신에게 불편한 것이 무엇인지 생각하고 직접 해결 방안을 강구하는 활동도 해 볼 수 있다.

아이들에게 '발명'은 엄청나고 새로운 무엇인가를 창조하는 작업이다. 그래서 발명에 조금 더 쉽고 가깝게 접근할 수 있도록 도와줄 필요가 있다. 아이 자신의 주변에서 불편했던 것, 문제가 있었던 것들을 스스로 발견해 보는 것이 먼저다. 하지만 말이 쉽지, 한 번도 자신이 겪는 불편에 대해 주목해 본 경험이 없으면 그마저도 쉽지 않다. 엄마가 평소 시간이 날 때마다 아이와 함께 보물찾기 놀이처럼 재미있게 접근해 꾸준히 호기심을 자극하는 것이 중요하다. 새로 산 필통에 숨어 있는 문제점은 없을까, 가족들 중 누구의 방 안에 불편한 점이 제일 많이 숨어 있나, 학교에서 공부할 때 다른 아이들은 발견하지 못하는 불편은 무엇이 있나 등 아이가 생활 속에서 발견의 재미를 느낄 수 있도록 유도해 보는 것이다.

STEP 4 · **간단한 원리부터 응용한다.**

"물레방아가 어떻게 움직이는지 아니?"
아이들에게 물레방아가 움직이는 동영상을 보여 주었다.

"선생님, 이거 음식점에서 봤어요."
"어? 그거 우리 집 수족관에 있는 장식품이랑 똑같이 생겼네."

아이들은 물레방아 하나에도 신기해하며 동영상을 재미있게 보았다. 요즘 아이들은 실제로 물레방아를 볼 수 있는 기회가 흔치 않다. 물레방아를 보았다 해도 주로 장식용으로 사용되는 것들만을 접할 뿐 그것이 어떤 원리로 움직이는지, 왜 필요했는지, 어떻게 사용되었는지는 알지 못한다. 물레방아가 움직이는 원리를 차근차근 설명해 주고 직접 모형을 만들어 보기로 했다.

"자, 이제 물레방아가 어떻게 움직이는지 알았으니까 물레방아의 장점을 적어 볼까?"

물을 이용하니까 사람이 힘들이지 않고 일을 할 수 있다.
움직이는 모습이 재미있다.
크게도 만들 수 있고 작게도 만들 수 있다.
무거운 것도 움직이게 한다.

"물레방아에는 정말 좋은 점이 많구나! 이렇게 장점이 많은 물레방아를 장식품으로만 이용하기에는 너무 아깝지 않니? 물레방아 원리를 이용해서 우리에게 필요한 것들을 만들어 볼 수는 없을까?"

'발명'에 대한 접근은 과학적인 사고에서 출발한다. 하지만 무엇이 과학인지, 어떻게 생각하는 것이 과학적인지도 알지 못하는 아이들에게 갑자기 무엇인가를 ‘과학적’으로 사고해 발명하라고 하면 아이들은 쉽게 흥미를 잃는다. 이럴 때에는 조금 더 구체적인 제시가 도움이 된다. 갑자기 새로운 물건을 만들어 내야 한다는 부담을 버리고 ‘개선’이나 ‘응용’의 방식으로 접근하는 것도 하나의 방법이다. 간단한 원리를 제시하고, 그 원리를 이용한 새로운 쓰임새를 찾아보는 것이다.

엄마에게 낯설지 않으면서도 아이들이 쉽게 이해할 수 있는 과학 원리를 찾아 제시하는 일이 다소 버겁게 느껴질 수도 있다. 하지만 여기에서 이야기하는 과학 원리란 거창한 이론이나 복잡한 장치를 의미하는 것이 아니다. 생활하면서 늘 접할 수 있는 물건들, 도처의 움직임, 일상의 다양한 현상들이 모두 그 대상이 될 수 있다. “높은 미끄럼틀을 타면 더 빨리 내려간다”, “그네는 한쪽에서만 밀어도 양쪽으로 움직인다”와 같이 지극히 당연하고 자연스럽게 받아들였던 것들의 작동 원리와 이유를 함께 이야기해 보는 것만으로도 아이에게는 충분한 자극이 될 것이다. 간단한 재료로 모형을 만들어 보거나 실험을 하는 것도 큰 도움이 된다. 다만 중요한 것은 이러한 원리들을 정확히 이해시키는 데에만 목적을 두어서는 안 된다는 것이다. 이해를 넘어 자기만의 방식으로 활용할 수 있도록 유도하는 과정이 필요하다. “높은 미끄럼틀을 타면 더 빨리 내려가고, 낮은 미끄럼틀을 타면 천천히 내려가는 원리를 이용해서 재미있는 장난감을 만들어 볼까?” 아이의 목표 의식을 심어 줄 수 있는 질문과 자유로운 대화가 아이의 ‘과학적인 상상력’을 일깨워 줄 것이다.

보경(9세)

　보경이는 놀이터에 친구들이 없으면 시소를 탈 수가 없어서 매번 속상했다고 한다. 물레방아의 원리를 이용하여 혼자서도 탈 수 있는 시소를 고안하니 멋진 보경이만의 'MY 놀이터'가 되었다. 보경이의 시소는 혼자서 탈 수 있을 뿐 아니라 친구와 가까이에서 마주 보고 앉아 탈 수도 있다. 무게 중심을 사이에 두고 양 끝에 앉는 것이 아니라 한쪽에 나란히 앉을 수 있으니 서로 이야기를 하면서 시소를 탈 수 있다. 보경이의 시소는 전통적인 동력 그대로 수력을 이용한다. 아이들은 물레방아와 물고기를 좋아하니 물레방아가 있는 풍경 그대로를 적극 활용하겠다는 생각이다. 아이지만 제법 풍류를 즐길 줄 아는 모습이다. 'MY 놀이터'에는 학원이니 과외니 공부하기 바빠 놀이터에서 놀 시간이 많지 않은 아이들의 현실적인 고민이 담겨 있다. 친구 없이 혼자서도 놀아야 하고, 친구와 같이 놀 수 있다면 더 친밀하게 놀고 싶고, 자연도 즐기고 싶은 아이의 마음이 고스란히 전해진다.

보경이가 그린 시소를 토대로 직접 놀이터를 만들었다.

승민(10세)

승민이는 견과류를 좋아하는데, 아직 어린 손에 힘이 없어서 혼자 땅콩이나 호두를 까기가 어려웠던 모양이다. 물레방아의 절굿공이(절구에 곡식 따위를 빻거나 찧거나 할 때에 쓰는 공이)를 작고 무겁게 만들어 끝에 납작한 도끼 모양의 도구를 붙이니, 승민이 혼자서도 거뜬하게 호두 껍데기를 깔 수 있는 훌륭한 발명품이 되었다. 물레방아의 원리를 잘 이해하고 자신의 생활 속에 응용하려고 노력한 흔적이 엿보인다. 게다가 '호두까기 인형'은 들어봤어도 '호두까기 물레방아'라니, 보기만 해도 귀엽고 재미있다. 승민이는 물레방아 모양도 무척 마음에 든 모양이었다. 호두 껍데기를 까지 않을 때에는 부엌이나 어항 위에 장식품으로 두어도 예쁠 것 같다며 즐거워했다.

준서(10세)

"우리는 지금 엄청 긴 계단 속에 갇혀 있다. 하지만 끝은 있다. 한 계단 한 계단 오를 때마다 궁금증은 늘어난다. 궁금증은 꼬리에 꼬리를 물고 나를 공격한다. 이 그림은 모든 재난을 겪고 우주에 비밀을 캐내는 과학자를 그린 것이다. 나는 처음에 연구, 계산이 과학이라고 생각했다. 하지만 나의 모든 과학에 대한 생각이 바뀌었다. 모든 생각이 바뀐 난 마치 프로그래밍 되듯이 달라졌다. 1달의 시간 동안! 하지만 난 이 계단 중 0.5계단도 못 올라갔다. 짜증났다. 궁금했다. 마음이 급했다. 과학자의 삶이란 이런 것인 것 같다. 그럼 우리의 삶은 어떻게 바뀌었을까? 우리는 과학 덕분에 궁금증이 생기는 삶이 시작된 것 같다."

과학은 절대로 풀리지 도 않고 풀린 수도 있는 미스터리여다. 누구도 알수없는 비인이 숨겨져있다. 과학자들이 계단 한칸 한칸을 오를때 마다. 궁금증이 생기고 풀어 내려고 하는 외지가 있다. 바지만 계단은 끝도없이 올라가야 바고 문들 계속 열더여 하는 무한의 우주에 대하여 풀고 싶어하는 사람은 바로 과학자다.

"과학은 절대로 풀리지도 않고 풀릴 수도 없는 미스터리다. 누구도 알 수 없는 비밀이 숨겨져 있다. 과학자들이 계단 한 칸 한 칸을 오를 때마다 궁금증이 생기고 풀어 내려고 하는 의지가 있다. 하지만 계단은 끝도 없이 올라 가야 하고, 문을 계속 열어야 하는 무한의 우주에 대하여 풀고 싶어 하는 사람은 바로 과학자다."

"과학은 절대로 안 풀리는 삶이어서 그 자물쇠가 하나하나 풀릴 때마다 사람들은 더 신비로워진다. 그래서 상자 속에는 정말 신비로운 것이 있다. 상자가 열리면 우리의 삶은 더 신비로워지고 아예 바뀔 수 있어 과학자는 그 신비로움에 대하여 풀고 싶기도 하고 상자를 열고 싶기도 하다. 그래서 더 신비로움을 찾으려고 의심하고 반박하며 자물쇠를 하나하나 연다. 과학은 계산하는 것 같았는데 이것을 하니까 과학은 상상이라고 바뀌었다."

아인슈타인 이후 최고의 천재 과학자로 평가받는 미국의 물리학자 리처드 파인만Richard Feynman은 과학의 본질이 의심과 불확실성에서 온다고 말했다. 저명한 천재 과학자마저도 우주의 진실 앞에서 과학은 불확실한 추측만을 할 뿐임을 고백한 것이다. 그는 과학의 불확실성을 인정하고, 끊임없이 의심을 거두지 않아야 한다고 말한다. 과학을 단지 기계적이고 기술적으로 이해하거나 자명한 정답 안에 가두는 것보다 훨씬 더 열린 의미로 이해하고 있는 것이다. 그 역시도 많은 사람들이 과학과 상상력을 반대 개념으로 이해하고 있음에 놀라워하며, 과학에는 분명 재미있는 상상력이 필요하다고 이야기한다. 그리고 그 상상력 속에서 과학은 자유를 얻는다.

내 아이가 보다 창의적인 상상을 하기 바란다면, 엄마부터 과학을 열린 개념으로 이해해야 한다. 과학은 교과서 안에만 있지 않다. 과학 과목이 과학이 아니듯, 과학 시험 성적이 과학적 사고 능력을 대변하지 않는다. 과학과 상상을 분리하던 기존의 편견도 깰 필요가 있다. 과학은 따분한 계산이나 정해진 정답만을 좇는 것이 아니다. 그것의 불확실함 속에서 의심하고 관찰하고 상상하며 놀랍고 신비한 세계를 지향하는 것이 과학이다. 물론 추상적이고 모호한 개념으로 느껴질 수도 있다. 그러나 우리는 갈릴레오나 뉴턴, 아인슈타인과 같이 사고의 패러다임을 바꾼 위대한 과학자들이 질문하고 의심하여 이전의 결론을 전복하였음을 알고 있다. 그리고 그 위대한 과학자들 역시 시간이 지나면서 검증과 비판, 반박의 대상이 되었다. 과학이 정답을 계산하

는 학문이 아님을 깨닫는 데에는 그리 오랜 시간이 걸리지 않는다. 다
만 즐겁게 과학을 체험하고 열린 상상의 힘을 키우는 과정이 필요할
뿐이다.

YEARLY PLAN

3 MARCH	**4** / **5** APRIL / MAY	**6** JUNE	**7** / **8** JULY / AUGUST
그림일기 쓰기 그림일기는 소소한 일상도 확장할 수 있는 힘을 길러 줍니다.	과학상상화와 발명품 대회 과학상상화와 발명품 대회는 열린 상상의 힘을 길러 줍니다.	주제 그림 그리기 주제 그림 그리기는 같은 주제 앞에서도 다르게 표현할 수 있는 힘을 길러 줍니다.	여름방학 체험학습 보고서 쓰기 체험학습 보고서는 창의적인 경험을 가능하게 합니다.
9 SEPTEMBER	**10** OCTOBER	**11** / **12** NOVEMBER / DECEMBER	**1** / **2** JANUARY / FEBRUARY
독서 감상문 쓰기 독서 감상문은 '나'를 중심으로 책을 읽을 수 있도록 도와줍니다.	독서 감상화 그리기 독서 감상화는 책을 새롭게 발견하는 과정입니다.	엄마가 할 수 있는 선행학습 아이의 과제가 적은 틈을 타, 엄마도 공부할 시간을 가져 봅시다.	아이와 함께하는 시간 학교 과제로 아이와 함께 직접 수업을 만들어 나갈 수 있습니다.

6월

주제 그림 그리기

같은 주제, 다른 표현

"우리 애는 스케치를 너무 천천히 해서 완성을 못하더라고요. 학교에서는 시간 내에 완성해야 하잖아요. 빨리빨리 그려야 하는데 느려 가지고……. 매번 완성을 못하고 그림을 제출했나 봐요."

"우리 딸은 2학년인데 아직도 '졸라맨'을 그려요. 사람처럼 좀 그려 보라고 해도 도무지 그렇게 하지 않네요. 사람을 너무 그리기 싫어해요."

"우리 애는 그림에 영 소질이 없나 봐요."

"창의 미술만 했더니 다 소용없더라고요. 형태도 하나 제대로 못 그려요."

"어쩌면 그렇게 애들이 다 잘 그려요? 학부모 공개 수업에 가서 아이들이 그린 것을 보니까 장난이 아니에요. 1학년이 그렸다고는 볼 수 없을 정도로 잘 그리던데요? 그래서 그 친구들 다니는 미술 학원에 가 봤더니 글쎄, 대회 하나 준비하는 데 한 달 정도 연습한다고 그러더라고요. 선생님이 미리 다 그려 놓은 그림 중에 하나를 골라서 연습을 하나 봐요. 꼭 그렇게까지 해야 하나요?"

"저는 그동안 아이 그림에 관해 전혀 관여도 안 하고 시키지도 않았거든요. 대회가 있다고 해도 알아서 하겠지 했죠. 근데 다른 아이들은 다들 상을 받는데 자기만 못 받는 것 같으니까 내심 부러운가 봐요. 그림 때문에 아이가 다른 애들이랑 비교당하는 느낌을 받는 것 같아요. 미술 학원이라도 보내서 대회 준비를 시켜야 하나…… 좀 흔들리는 건 사실이에요."

◇◇◇◇◇◇

아이 키우는 엄마들이 모여 이런저런 정보를 주고받는 지역 인터넷 카페에는 각종 학교 대회에 대한 고민들이 심심치 않게 올라온다. 그중 최근 한 어머니의 게시물이 많은 생각을 하게 만들었다. 글을 쓴 엄마는 초등학교에 다니는 아이가 교내 대회에서 줄곧 상을 타지 못해 고민이었다. 엄마는 소위 말하는 '직장맘'이었는데, 그녀가 쓴 장문의 게시글에는 아이에 대한 미안함과 막막함이 공존했다. 교내 그리기 대회에서 연신 상을 타지 못한 아이가 '다른 애들은 다 엄마가 도와줘서 상을 탄다'고 하소연했다며, 엄마는 자신이 아이를 잘 돌보지 못하고 무능해서 아이에게 상처를 주고 있는 것은 아닐까 자책하고 있었다. 그리고 카페 회원들에게 진단과 공감, 위로를 바라는 마음으로 아이의 그림까지 함께 올려두었다. 이 게시글의 파장은 상당했다. 무려 60개가 넘는

댓글이 실시간으로 달렸고, 엄마들은 서로의 마음을 공감하며 보듬고 있었다. 다음에는 꼭 상을 탈 수 있을 것이라는 위로의 말은 물론, 이렇게 저렇게 하면 상을 탈 수 있을 것이라는 대안도 가득했다.

초등학교 교내 대회의 양대 산맥은 역시나 '그림 그리기'와 '글짓기'다. 특히 저학년 때부터 시작하는 각종 그림 그리기 대회는 누구나 한 번쯤은 수상을 욕심낼 만하다. 굳이 대회가 아니라도 학교 내에서 이루어지는 그림 그리기 활동의 비중은 생각보다 크다. 사계절 그리기, 학교 사랑 그리기, 친구 사랑 그리기, 독서 감상화 그리기, 경험화와 생활화 등 때마다 맞춤 주제를 던져 주고 그리기 활동을 한다. 그렇기 때문에 학업 성취도가 두드러지지 않는 초등 저학년 아이들에게 '그림을 잘 그린다'는 수식은 대단히 자랑스러운 것이다. 이런 현실을 알기에 엄마들끼리는 '교실 벽에 붙어 있는 누구 그림이 잘 그려졌더라', '누구 그림이 참 창의적이더라'며 수군대기도 한다. 실제로 학부모 상담을 해 보면, 아이가 학교 그리기 활동을 잘할 수 있도록 드로잉 기술을 중점적으로 가르쳐 달라는 분들이 꽤 많다. 그런데 문제는, 아이가 그림을 잘 그리기를 바라는 분들조차 '무엇이 잘 그린 그림인가?'라고 반문하면 쉽게 답하지 못한다는 것이다. 잘 그린 그림과 못 그린 그림의 기준, 대회 수상작을 판가름하는 보이지 않는 기준, 정의할 수 없는 이 모호한 기준이 우리 아이들과 엄마들을 자책과 고민 속으로 몰아넣는 것이 아닐까?

베테랑
엄마에게
물어보세요

Q 우리 아이 그림은 특색이 없어요. 항상 그리던 것만 그리고, 표현도 너무 상투적이라서 걱정이에요.

주제에 대한 자기 해석이 부족한 경우, 아이들은 관습적인 이미지들을 늘어놓을 수밖에 없어요. 예를 들어, '봄' 하면 꽃밭, '여름' 하면 바다, '가을' 하면 낙엽, '겨울' 하면 눈사람 등 쉽게 떠올릴 수 있는 상징들을 그리게 되는 것이죠. 이는 앞선 예시들 가운데 '비 오는 날' 하면 모두가 우산 쓴 모습을 그리고, '과학상상화' 하면 너도나도 우주 도시를 그리는 경우와 다를 바가 없습니다. 사실 아이들이 습관적인 이미지에서 벗어나 자기만의 이야기를 그림으로 표현하기란 말처럼 쉽지 않습니다. 그렇지 않아도 어려운데, 설상가상으로 수상에 대한 욕심이나 부담까지 느끼게 되면 더

"

어려워지겠죠. 아이들은 대회에 대해서 정답이 있는 시험지처럼 느낍니다. 그래서 아이들은 그림을 그리면서 무척이나 소심한 모습을 보여요. '상을 타려면 어떻게 그려야 하지?', '이렇게 그리는 것이 맞나? 틀린 것일까?' 하며 걱정이 많아지거든요.

아이들은 많은 개념을 단순한 상징으로 배워 나갑니다. 아이들에게 원숭이 엉덩이는 빨갛고, 빨간 것은 사과죠. 토끼는 깡충깡충 뛰고 개구리는 개굴개굴 울고요. 아이들이 세상을 배워 가는 과정에는 상징적 이미지와 관습적 표현들이 즐비합니다. 그 때문에 아이들은 어떤 주제 앞에서도 본인이 알고 있는 상투적인 이미지부터 쉽게 사용하죠. 아이가 창의력이 없어서 독특한 그림을 그리지 못하는 것이 아닙니다. 다만 자신이 배워 온 대로, 아는 대로 세상을 그려 나가기 시작했을 뿐이죠. 그러니 알고 있는 세상이 아니라 자신이 보고 느낀 세상을 그릴 수 있도록 도와주는 것이 중요합니다.

상투적이고 관습적이었던 아이들의 그림은 약간의 질문과 친밀한 대화만으로도 크게 달라집니다. 우리는 이를 앞서 많은 예시들을 통해 살펴보았죠. 문제는 '잘 그린 그림'의 기준을 정확한 형태력이나 채색의 완성도 등과 같은 드로잉 기술에만 맞추는 어른들의 잣대가 아닐까 의심해 볼 필요가 있습니다. 왜 이렇게밖에 못 그리냐고 타박만 하지는 않았는지, 주제에 대해 충분히 대화를 나누어 보았는지, 다각도로 접근할 수 있는 질문은 던져 보았는지 반성해야 하겠습니다.

 우리 아이는 만날 아기처럼 그려서 걱정이에요.

각종 그림 그리기 대회를 앞두고 미술학원을 찾는 엄마들의 고민 1순위
가 바로 '너무 아기처럼 그린다'는 것이에요. 이를테면 아이가 사람을 늘
'졸라맨'처럼 그린다거나, 항상 정면으로 뻣뻣하게 서 있는 사람만 그린
다고 걱정합니다. 나무나 꽃의 형태가 늘 똑같다든지, 구도를 항상 일렬
로 배치한다든지, 사물을 너무 작게만 그리는 것 등이 모두 걱정거리입니
다. 단순한 표현력에 대한 염려가 많죠.
소위 '아기 같은 그림'을 그리는 아이들은 대개 관찰 경험이 부족합니다.
소나무, 향나무, 은행나무, 느티나무 등 셀 수 없이 다양한 나무들을 보고
자라지만, 관찰의 경험이 부족한 아이들이 그리는 나무는 딱 한 가지죠.

아무리 많은 나무를 보여 준다 해도 그냥 보고 지나치는 것만으로는 아
이들의 머릿속에 뿌리 깊게 자리 잡은 원형을 깨뜨리지 못합니다. 그렇
기에 대상을 면밀히 살펴보고 뜯어보고 직접 그려 보기도 해야 합니다.
의도적 관찰의 경험이 필요한 것입니다. 내가 알고 있는 나무가 아니라

내 눈으로 직접 관찰한 나무를 그려 보는 경험, 사소하지만 진짜 내가 감각한 세상을 표현해 보는 경험이야말로 창의적이고 다양한 표현력을 기를 수 있습니다.

Q 우리 아이는 늘 그림을 완성하지 못해서 걱정이에요.

아이의 주제를 돋보이게 할 수 있는 특정한 방법을 찾아 나갈 필요가 있습니다. 사실 많은 아이들이 그림 그리기 대회를 앞두고 완성에 대한 두려움을 이야기합니다.

"선생님, 저는 스케치는 잘하는데 색칠하면 꼭 망해요."

"저는 시간이 항상 부족해서 완성을 못해요."

아이들뿐 아니라 부모님들도 그림은 색칠을 꼼꼼하게 마쳐야 완성된 것이라고 생각하는 경우가 많습니다. 그렇다면 완성도가 높은 그림이란 모든 화면을 빠짐없이 다 채색한 그림을 말할까요?

그림의 완성도를 높이고 싶다면, 채색을 완벽하게 마쳐야 '완성'이 된다는 강박부터 버릴 필요가 있습니다. 그림의 완성도는 드러나는 주제의 완결성에 따라 결정됩니다. 얼마나 주제가 명확하게 잘 드러나는가, 얼마나 화면 안에서 주제를 효과적으로 표현했는가에 따라 그림의 완성도가 높아지기도 하고 낮아지기도 하는 것이죠. 즉 표현하고자 하는 주제에 대한 집중도가 얼마나 높은가를 훨씬 중요하게 생각해야 하는 것입니다. 그림의 완성도를 높이기 위해 빨리 그리라고 아이를 재촉하는 것은 어리석은 일입니다. 대신 주제를 돋보이게 하려면 어떤 방법이 좋을지, 아이가 표현하고 싶은 느낌을 잘 전달하려면 어떻게 해야 할지에 대해 아이와 상의해 보세요. 아이 스스로 그림의 주제에 집중하고 고민할 수 있도록 함께 대화하는 노력이 필요할 것입니다.

주제 그림 그리기로 우리 아이의 능력을 키울 수 있을까?

때마다 찾아오는 그림 그리기 대회들 앞에서 엄마들은 막막해질 수밖에 없다. 아예 신경을 끊고 알아서 하라고 할 수도 있겠지만, 내 아이가 자신감을 가질 수 있는 기회라면 욕심이 나는 것도 사실이다. 단골처럼 등장하는 계절 풍경 그리기, 친구 사랑 그리기, 학교 사랑 그리기, 과학상상화, 독서 감상화, 통일 그리기, 불조심 그리기와 포스터. 이렇게 나열하고 보니 학교 그림 과제와 대회는 생각보다 더 꾸준하고 다양하다. 각종 주제 그림 그리기를 앞두고 엄마가 가장 쉽게 할 수 있는 선택은 학교 앞 미술 학원을 찾는 것이다. 하지만 학원의 도움을 받지 않고도 엄마 스스로 충분히 아이의 생각을 자극해 풍부한 표현을 이끌어 낼 수 있다. 엄마가 따로 전문적인 미술 교육을 받지 않아도, 엄마가 그림을 못 그려도 걱정할 필요가 없다. 단순히 대회 수상만을 목표로 하는 것이 아니라, 아이가 어떤 주제 앞에서도 자기의 창의력을 풍부하게 표현할 수 있기를 바란다면, 엄마는 아이에게 최고의 길잡이가되어 줄 수 있다.

아이들의 그림에는 일정한 패턴이 발견된다. 세모 지붕에 굴뚝이 있는 집, 굵은 기둥에 동글동글한 잎 덩어리들을 가진 나무, 큰 얼굴에 비해 좁은 어깨를 가진 차렷 자세의 사람, 파란 하늘에 동실동실한 구름, 물결무늬의 푸른 바다, 노란색 별과 동그란 눈송이 등. 아이들이 많이 그리는 사물 혹은 풍경의 표현들을 살펴보면, 마치 약속이나 한 듯 비슷하다. 아이들은 이러한 표현들을 마치 습관처럼 사용하기 때문에 의도적으로 벗어나고자 노력하지 않고서는 쉽게 버리지 못한다. 하지만 다양성과 개별성보다는 형평성과 공통 가치에 초점을 맞춘 학교 교과 과정 안에서 아이들이 스스로 다양한 표현에 도전하기란 쉽지 않다. 그렇기 때문에 주제 그림 그리기를 잘 활용해서 자신만의 표현력을 기를 수 있도록 도와줄 필요가 있다. 모두가 알고 있는 세상이 아니라 내가 보고 느낀 세상을 표현할 수 있도록 말이다.

관습적인 표현에서 벗어나기 위해서는 의도적 관찰의 경험이 분명 필요하다. 아이가 알고 있는 세상의 견고함을 깨뜨려야 하기 때문이다. 가령 아파트에서 나고 자라 평생 도시에서만 살아온 아이도 '우리 집'이라는 주제 앞에서 세모 지붕의 굴뚝 달린 집을 그린다면, 그것은 아이가 알고 있는 집의 원형을 그린 것이다. 자기가 살고 있는 아파트의 모습을 오고 가며 수도 없이 보았을 테지만, 스쳐 지나가는 일상의 경험이 뿌리깊게 자리한 원형을 넘어서기는 힘들다. 따라서 경험에 집중하고 사물을 관찰하며 이를 직접적으로 표현해 보는 과정이 필요하다. 늘 똑같은 형태의 나뭇잎만 그렸던 아이도 다양한 형태와 색채의 나뭇잎들을 직접 관찰하여 그리면 확실히 표현이 다양해진다. 주제 그림 그리기는 이러한 활동을 집중적으로 해 볼 수 있는 좋은 기회다. 잘만 활용한다면, 모두가 똑같이 그리는 관습적인 표현에서 벗어나 내 아이만의 세계를 드러낼 수 있을 것이다.

엄마가 아이들이 무엇을 읽고 배웠는가를 확인할 기회는 많다. 엄마는 아이가 학과 과목에 충실한가를 지속적으로 관리하기 위해 교과서를 펼쳐 학습 활동을 확인하고 시험 성적을 살피고, 학교나 학원 숙제를 검사한다. 하지만 그에 비해 아이가 무엇을 어떻게 느끼는가에 초점을 맞춰 살펴볼 기회는 상대적으로 적다. 기껏해야 일기나 독서록에 형식적으로 적는 '느낀 점'이 고작이다. 이는 학교에서 아이들이 자유로운 감각과 감정을 표현할 수 있는 기회가 많지 않다는 반증이기도 하다. 따라서 주제 그림 그리기는 더욱 소중하고 값진 기회다. 엄마는 주제 그림 그리기를 통해서 아이가 자신의 감각과 감정을 다양하고 풍부하게 표현할 수 있도록 도와주어야 한다. 다양한 재료 기법이나 표현 기법을 함께 시도해 볼 수도 있고, 재미있는 구도나 형태를 찾아볼 수도 있다. 색이나 질감에 새로운 시도를 해 볼 수 있도록 격려하는 것도 좋은 방법이다. 하지만 이러한 노력들은 '잘 그린 그림'을 위해서가 아니라 내 아이만의 자유로운 표현을 찾기 위해서라는 사실을 잊어서는 안 된다. 자신의 감각과 감정에 집중하여 나만의 방법으로 표현할 수 있는 능력이 곧 창의성을 드러내는 길이기 때문이다.

나만의 표현을 찾아가는 과정은 곧 자기를 발견하는 과정이다. 관찰을 통한 표현, 자유로운 감각과 감정 표현으로 관습적인 기호에서 벗어나게 되면, 아이들은 모두가 아는 세상이 아니라 자신이 보고 느낀 세상을 발견하게 된다. 남들과는 다른 나의 세계를 구축해 나갈 수 있는 것이다. 물론 몇 번의 주제 그림 그리기로 갑자기 자기만의 세계가 공고해지는 것은 아니다. 그러나 아이들의 학교 생활은 시간이 지날수록 점점 더 학습 성취를 좇게 될 것이며, 시험 점수가 가지는 의미도 날로 커질 것이다. 그 과정에서 잠시나마 아이가 자기만의 세계에 집중하고 자기만의 감각과 감정을 표현할 수 있는 시간이 있다면, 한순간도 허투루 흘릴 수 없다. 소소해 보이는 주제 그림 그리기도 자신을 발견할 수 있는 작은 계기가 될 수 있는 것이다.

주제 그림 그리기
단계별 훈련법!

STEP 1 · 대화는 언제나 옳다.

'봄, 여름, 가을, 겨울'을 그려 보자!

2013년에 개정된 초등 교과서는 '바른 생활'과 '즐거운 생활', '슬기로운 생활'의 일부 내용을 주제별로 통합해 다양한 대주제로 배우게 하는데, 그중 가장 먼저 접하게 되는 주제가 바로 봄, 여름, 가을, 겨울의 4계절이다. 그래서인지 계절 그리기는 학교 미술 활동의 단골 주제다. 하지만 쉽고 익숙한 주제일수록 오히려 아이들의 표현이 제한적일 때가 많다.

여덟 살 현서가 그린 봄, 여름, 가을, 겨울의 모습은 어쩐지 낯설지가 않다. 봄에는 꽃, 여름에는 수영, 가을에는 단풍잎, 겨울에는 눈사람. 많은 아이들이 봄, 여름, 가을, 겨울이라는 주제 앞에서 꺼내어 놓는 클리셰(진부한 표현을 가리킨다)다. 기술적으로 조금 더 잘 그리고 못 그리고가 있을 뿐 열이면 열, 같은 모티프를 늘어놓는다. 이러한 현상은 쉽고 익숙한 주제일수록 더 빈번하게 나타난다.

"현서야, 방금 그린 그림들이 정말로 현서의 봄, 여름, 가을, 겨울일까? 현서가 느끼는 계절은 뭔가 특별한 것이 있을 것 같은데? 현서에게 여름은 어떤 색이야? 네가 그리고 싶어 하는 수영장에서는 어떤 소리가 연상되니?"

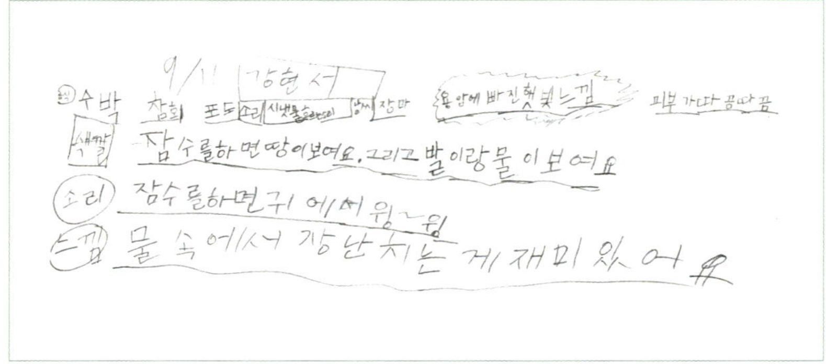

현서가 생각한 여름

특별한 표현은 결코 기술적인 숙련도에서 비롯되지 않는다. 기술이 표현을 효과적으로 드러나게 도와줄 수는 있지만, 표현 자체를 창의적으로 만들어 줄 수는 없다. 아이 자신, 즉 '나'의 생각과 느낌을 드러내는 특별한 표현의 첫걸음은 바로 대화다. 풍부한 대화는 아이가 자신의 경험을 구체적으로 되살릴 수 있는 계기가 된다. 이때, 주제와 관련한 경험에 대해서 다양한 방법으로 표현할 수 있도록 질문하는 것이 중요하다. 가령 주제가 '봄'이라면 봄의 색, 냄새, 봄이 좋은 이유, 봄에 했던 일 중에 기억나는 일, 봄의 소리 등 봄에 관련한 감각적 경험까지 총동

원할 수 있도록 섬세하게 자극하는 것이 좋다. 대화 중 나오는 내용들을 간단하게 메모하는 것도 큰 도움이 된다. 아이가 그림을 그릴 때, 대화를 곱씹어 볼 수 있는 메모가 있으면 자신의 경험을 더욱 종합적으로 활용할 수 있기 때문이다.

아이가 감각 경험을 풀어내는 데 어려움을 느끼지 않는다면, 조금 더 비유적이고 추상적인 질문들을 던질 수도 있다. 예를 들자면, "봄은 어떤 모양이야?", "봄이 만약 사람이라면, 어떤 모습일까?", "봄의 마음은 어떤 색일까?", "봄은 우리에게 어떤 이야기를 들려줄까?" 등의 질문을 던지고 함께 이야기를 나누어 보는 것이다. 다소 어려워 보이는 질문들이지만 아이들은 의외로 이러한 질문을 무척 재미있어 한다. 아이들은 아무렇게나 툭툭 대답을 던지는 듯하다가도 어느새 멋진 이야기를 만들어 내기도 하고, 새로운 해석을 제시하기도 한다. 정답이 정해져 있지 않은 질문과 자유로운 대화가 다양한 가능성을 자극하기 때문이다.

대화를 통한 '경험의 재구성'은 아이가 주제를 주관적으로 해석할 수 있도록 도와준다. 모두의 봄이 아닌, 나만의 봄에 집중하도록 만드는 것이다. 내 그림의 주인공은 내가 되어야 한다. 대화는 아이 스스로 자기 그림의 주인공이 될 수 있도록 도와줄 것이다.

현서(8세)

오랜 대화 속에서 현서는 여름을 '수영장에서의 경험'과 '용암에 빠진 듯 뜨거운 햇볕'으로 기억했다. 수영장에서의 경험을 그린 그림은 시선이 온전히 현서 자신을 중심으로 이루어져 있어 주제 전달이 효과적이고 확실하다. 그저 수영하는 사람들을 생각 없이 그린 것이 아니라, 물안경을 쓰고 잠수한 현서의 눈에 비친 풍경을 표현했기 때문에 느낌이 더욱 생생하다. 푸른 물빛에 흐릿하게 보이는 사람들의 맨발이 눈길을 사로잡는다. 멀리 현서처럼 잠수한 듯 보이는 작은 아이의 움직임도 재미있다. 공기 방울이 방울방울 물속을 가득 채우며 흩날리는 모습이 푸른 물빛과 더불어 시원함을 더한다.

'용암에 빠진 듯한 햇볕 느낌'의 여름은, 불덩이가 펑펑 터지는 것처럼 뜨거운 열기로 가득하다. 더위에 놀라 얼굴을 찡그린 사람들이 용암에 빠진 듯 더위 속에서 허우적댄다. 차가운 아이스크림도 금세 뜨거운 햇볕에 달궈진 듯하다. 바다, 해, 수영 등 '여름' 하면 떠올리는 관습적인 표현들을 전혀 사용하지 않고도 현서는 자신이 느낀 '여름 햇볕'을 독창적으로 훌륭하게 전달했다.

지호(8세)

여덟 살 지호는, 소복하게 쌓인 눈에 대한 경험이나 눈을 가지고 놀아 본 기억이 거의 없다. 그래서 오히려 겨울에 대해 더욱 강한 기대와 환상을 가지고 있는지도 모른다. 지호의 겨울은 경험한 겨울이라기보다는 자신이 꿈꾸는 겨울에 가깝다. 본인이 직접 경험하지는 않았어도 책과 영화 등을 통한 수많은 간접 경험, 그리고 자신의 상상력이 더해지면 충분히 특별한 표현을 할 수 있다. 지호의 그림은 바로 이러한 가능성을 보여 주기에 충분하다. 산속에서 수북하게 쌓인 눈 위에 털썩 누워 자유롭게 날갯짓을 하고 싶은 지호. 생각만 해도 좋은지 그림 속 지호의 얼굴에 웃음이 가득하다. 지호 역시 '겨울'이라는 주제 앞에서 눈사람과 눈싸움을 습관처럼 그렸지만, 시간을 두고 겨울에 대해 이야기하고 겨울에 무엇을 하고 싶은지, 겨울이 왜 그렇게 좋은지, 겨울은 어떤 느낌인지 차근차근 대화를 나누니 전혀 다른 표현이 쏟아져 나왔다. '겨울=눈사람과 눈싸움'이라는 공식에서 벗어나 지호 자신이 가장 꿈꾸는 겨울의 경험을 표현했다는 것만으로도 충분히 의미 있는 그림이다.

STEP 2 · 관찰이 습관을 바꾼다.

"나무를 한번 그려 볼까?"

굳이 산촌에서 살거나 숲을 찾지 않아도 우리는 다양한 종류의 나무를 주변에서 어렵지 않게 만날 수 있다. 도시 한가운데에도 은행나무, 단풍나무, 소나무, 향나무, 플라타너스, 벚나무 등의 가로수와 조경수들이 곳곳에 심어져 있고, 무궁화나 영산홍(진달래과에 속하는 식물) 같은 관목도 쉽게 찾아볼 수 있다. 하지만 아이들이 그리는 나무는 한결같은 모습이다. 똑바로 선 기둥에 서너 갈래로 뻗은 굵은 가지, 그 주변을 녹색의 잎 덩어리가 동그랗고 풍성하게 감싼다. 분명 어디에 살고 있든 한 종류의 나무만을 보고 자라지는 않았을 텐데, 아이들은 똑같은 나무를 똑같은 색으로 똑같이 그린다.

늘 똑같은 인물 표현 역시 나무와 크게 다르지 않다. 분명 사람들을 늘 만나며 자라 왔음에도 아이들은 그동안 보았던 사람들의 수많은 표정과 움직임을 다양하게 표현하지 못한다.

아이들이 특정 대상을 획일적으로 표현하는 이유는 그림을 잘 그리지 못해서가 아니다. 아이들의 머릿속에 자리 잡은 '원형' 때문이다. 아이들은 일련의 '원형'을 통해서 개념을 배워 왔다. 낱말 카드에 그려진 정형화된 이미지들을 손가락으로 가리키며 나무의 개념을 배웠고, 자동차의 개념도 배웠다. 하트와 눈물이 그려진 그림을 가리키며 감정의 개념까지 배웠다. 세상을 배우기 위해 맞추어 온 원형들은 생각보다 쉽게 깨지지 않는다. 그렇기 때문에 아무리 다양한 나무를 보아도, 수많은 동세와 표정을 보아도 늘 '원형'대로 그리게 된다. 내가 알고 있는 나무를, 내가 알고 있는 사람을 한결같이 그리는 것이다.

원형의 세계가 아닌 '나'의 세계, 알고 있는 세상이 아니라 내가 보고 듣고 느끼는 세상을 표현하기 위해서는 '의도적 관찰의 경험'이 필요하다. 관찰은 습관에 작은 틈을 내어 풍부한 표현력을 낳게 한다. 갑자기 화면 전체를 모두 관찰하고 따라 그리기를 연습해야 한다는 말이 아니다. 아이들이 자주 그리는 지극히 일상적인 소재부터 하나씩 관찰하기를 시작하는 것이 좋다. 나무, 꽃, 집, 구름, 달, 사람 등 평소에는 습관처럼 생각 없이 그렸던 소재들을 다시금 되돌아보는 기회를 만들어 주는 것이다. 소재의 다양한 가능성들을 제대로 관찰하고, 이를 글이나

아이들의 공동 작품. 우리 주변의 다양한 나무들을 그렸다.

그림으로 묘사해 보는 의도적 관찰의 경험은 아이들을 더욱 큰 세상으로 이끌어 줄 것이다.

"저는 색칠만 하면 망해요."
"우리 애는 학교에서 그림 그리기 시간에 완성을 못해서 대회마다 상을 못 타요."
"색칠하는 거 너무 힘들어요. 안 하면 안 돼요?"
"우리 애는 워낙 덜렁대서 꼼꼼하게 색칠을 못해요. 스케치선 밖으로 색이 다 튀어 나가 색칠하면 오히려 더 못 그린 것처럼 보인다니까요."

아이들이나 엄마들이나 채색에 대한 고민이 많다. 스케치할 때는 잘만 그리던 아이도 채색만 하면 힘들어하거나 망칠까 봐 겁을 내는 경우가 적지 않다. 스케치할 때는 하얀 백지장 위에 무엇을 그려야 할지 막막할 수도 있고, 또 내가 그린 형태가 이상하게 보일까 봐 걱정이 될 수도 있다. 그에 반해 채색은 맞고 틀리고의 기준도 없고, 스케치보다 한결 자유로운 마음으로 할 수 있을 것 같다. 그런데도 실상 스케치보다 채색이 더 걱정인 아이들이 상당히 많다. 아이들은 왜 '색칠'을 두려워할까?

학교 그림 과제나 그림 그리기 대회에서 통용되는 '잘 그린 그림'의 기준이자 심사의 대상이라도 되려면 '완성을 해야 한다'는 사실은 아이들도 잘 알고 있다. 완성을 위해서는 모두 색칠을 해야 한다. 그것도 정해진 재료로 화면 전체를 꼼꼼하게 말이다. '그림의 완성이 곧 채색이며, 채색의 정교함이 완성도를 결정한다'는 고정 관념은 자칫 아이들의 자유로운 표현을 제한할 수도 있다. 그림에서 제일 강조하고자 하는 주제가 무엇인지, 그림을 통해 전달하고자 하는 느낌이 무엇인지, 그 주제와 느낌을 효과적으로 드러내기 위해서 어떤 방법이 좋을지에 대한 고민을 애초에 차단하기 때문이다.

다양한 아이들이 모여 한데 어울리며 생활하는 학교에서 많은 재료를 만져 보고 실험하기란 사실상 어렵다. 학교에서는 형평성이나 공정성의 문제가 분명 고려되어야 한다. 그러나 아이의 재미있는 생각을 보다 효과적으로 드러낼 수 있기를 원한다면, 아이가 더욱 풍부한 표현력을 가질 수 있도록 돕고 싶다면, 엄마부터 그림의 '완성도'에 대해 다시 생각해 볼 필요가 있다.

미술 작가들에게도 완성도에 대한 기준은 끈질기게 들러붙는 고민거리다. 어디까지가 완성인지, 어떤 마감이 완성도를 높일 수 있는지를 결정하는 일은 언제나 어렵다. 작품을 단 한 시간 만에 완성할 수도 있지만, 평생 붙잡아도 완성되지 않아 발표하지 못하는 경우도 허다하다. 작가들이야 제 마음대로 완성하면 그만이지 않냐고 할 수도 있다. 그러나 제 마음대로인 가운데에도 분명 완성의 기준은 존재한다. 스스로 표현하고자 한 세계가 드러났는가, 내가 전달하고 싶었던 개념, 감정, 감각을 온전히 담아냈는가 등 완성을 결정하기까지는 수많은 의심과 고민이 필요하다.

학교 대회의 수상을 위해서, 혹은 다른 아이들보다 더 잘 그렸으면 하는 바람 때문에 단일한 '완성'의 기준을 강요하는 것은 아이가 담고 있는 가능성을 외면하는 일이 아닐까? 어떤 느낌을 표현하고 싶었는지, 무엇을 전달하고 싶었는지, 아이의 의도를 차근차근 물어보고 대화하며 함께 완성에 대해 고민해 본다면, 전혀 보지 못했던 새로운 표현과 만나게 될 수도 있다. 완성에 대한 부담감과 색칠에 대한 거부감도 떨칠 수 있다. 그림은 표현이다.

알록달록 다양한 색으로 화려하게 칠해야 한다, 혹은 채도가 높은 색으로 칠해야 선명하게 잘 보인다 등 완성을 위한 채색에 대한 기준이 도리어 아이들의 주제를 퇴색시키기도 한다. 간혹 밤에 있었던 일이나 밤의 풍경을 그린다고 하면서 사물들을 쨍쨍한 대낮의 선명한 상태로 채색하고 하늘만 어둡게 칠하는 아이들이 있다. 비가 오는 날의 흐릿한 풍경을 그린다고 하면서도 하늘은 푸르게 칠하고 빗줄기만 쭉쭉 긋는 아이들도 있다. 형태에서와 마찬가지로 색에도 고정 관념이 있다. 하늘은 파란색, 해는 빨간색, 나무는 초록색으로 완벽하게 칠해야 한다는 생각이 그것이다. 색은 곧 빛이다. 그저 화려한 색으로 습관처럼 정해진 색을 꼼꼼하게 칠해야 한다는 강박을 버리고, 그림 속의 빛에 집중해 보는 것도 좋은 방법이다.

여민(10세)

단순하게 색칠하는 것보다 그림 속
상황에 맞춰 자유롭게 색칠해 보는
것도 아이들의 창의력을 높일 수
있는 방법이다.

주경(8세)

민지(9세)

채현(9세)

아이들과 수업을 하다 보면 가장 많이 받는 질문이 "선생님, 어떻게 그려요?"다. 사물을 보고 그리는 경우에는 구조를 파악하는 노하우를 살짝 가르쳐 줄 수도 있다. 하지만 주제에 대해 스스로 생각하고 자유롭게 표현해도 되는 상황에서 아이들이 난감해 하면 다소 당황스럽다. 정답이 없으니 맘껏 그리라고 다독여도 쉽게 시작하지 못하는 아이들을 볼 때면, 나도 모르게 한숨이 나오고 속이 상한다. '잘 그려야 한다'는 강박은 그림 그리는 즐거움마저 앗아 간다. 심지어 '잘 그린다'의 기준은 어디에서부터 왔는지, 어디를 향하고 있는지조차 알 수가 없다. 대체 왜, 언제부터 아이들의 그림 그리기에 이토록 부담스러운 평가의 잣대가 세워졌을까?

주제 그림 그리기 대회의 상은 아이들에게 생각보다 큰 의미를 가질 수도 있다. 이것 또한 누군가는 승자가 되고 누군가는 패자가 되는 경쟁이기 때문이다. 그 누구도 아이들에게 경쟁의 목적과 의미, 흔한 심사평조차 말해 주지 않는다. 숱한 주제 그림 그리기 대회에서 그저 잘 그리기를 요구하기 전에 어른들 스스로 아이들의 생각을 읽기 위해 마음을 열고 노력해야 하는 것은 아닐까?

"아무것도 그려지지 않은 하얀 도화지 같다."

우리는 흔히 완성되지는 않았지만 무한한 발전의 가능성을 아무것도 그려지지 않은 하얀 도화지에 비유한다. 무엇이든 그릴 수 있고 어떻게든 바뀔 수 있는 '하얀 도화지'. 하얀 도화지 위에는 그 어떤 것도 표현할 수 있다. 그만큼 자유롭다. 아이들 앞의 하얀 도화지는 언제까

지나 자신을 마음껏 표현할 수 있는 기회가 되어야 한다. 설렘과 자유, 그리고 가능성으로 남아야 하는 것이다.

YEARLY PLAN

3 MARCH

그림일기 쓰기

그림일기는 소소한
일상도 확장할 수 있는
힘을 길러 줍니다.

4 APRIL / 5 MAY

과학상상화와 발명품 대회

과학상상화와
발명품 대회는
열린 상상의 힘을
길러 줍니다.

6 JUNE

주제 그림 그리기

주제 그림 그리기는
같은 주제 앞에서도
다르게 표현할 수 있는
힘을 길러 줍니다.

7 JULY / 8 AUGUST

여름방학 체험학습 보고서 쓰기

체험학습 보고서는
창의적인 경험을
가능하게 합니다.

9 SEPTEMBER

독서 감상문 쓰기

독서 감상문은
'나'를 중심으로
책을 읽을 수 있도록
도와줍니다.

10 OCTOBER

독서 감상화 그리기

독서 감상화는
책을 새롭게 발견하는
과정입니다.

11 NOVEMBER / 12 DECEMBER

엄마가 할 수 있는 선행학습

아이의 과제가
적은 틈을 타, 엄마도
공부할 시간을
가져 봅시다.

1 JANUARY / 2 FEBRUARY

아이와 함께하는 시간

학교 과제로 아이와
함께 직접 수업을
만들어 나갈 수
있습니다.

7월·8월

여름방학
체험학습
보고서 쓰기

창의적인 경험

"사실 체험학습 보고서 쓰는 법이 무엇인지…… 내가 하는 방식 말고 좀 다르게? 뭐가 없을까? 좀 더 근사하게 만들고 싶은데 고민되네요."

"지난번에 학교 공개 수업에 갔을 때 보니 아이들이 체험학습 보고서를 어쩌나 잘 해 왔던지요. 깜짝 놀랐어요. 제 아들 것만 너무 볼품없는 것 같아서……."

"전 도무지 어떻게 보고서를 써야 하는지 몰라서…… 인터넷으로 양식을 찾아 주고 아이한테 대강 해서 내라고 했어요."

"체험학습 간다고 가긴 하는데, 제가 아이에게 제대로 된 체험을 시켜 주고 있는지 잘 모르겠어요. 그냥 사진만 찍어 주는 것 같고……."

"우리 쌍둥이 아들들은 주말에 실컷 체험하고 와서는 보고서 숙제 하라니깐 하나도 기억이 안 난다네요. 다른 아이들도 그런가요?"

"방학만 되면 엄마 숙제가 더 많아요. 너무 신경 쓸 게 많아서…… 우리 때랑 숙제 스타일도 다르고, 그렇다고 혼자 하라고 둘 수도 없고……."

"저처럼 직장 다니는 엄마들은 아이 방학이 더 고통스럽다니까요. 주말에도 바빠서 출근하면, 방학인데 제대로 된 체험도 못 시켜 주는 것 같아서 더 미안해져요."

◇◇◇◇◇◇

최근 전 학년에 실시되는 창의적 체험 활동과 입학사정관제에서 유리하게 작용하는 다양한 특별 활동 및 특기 사항에 대한 이력 관리의 중요성이 커지면서, 아이의 숙제 관리가 엄마들의 큰 고민이 되고 있다. 독서 이력제 관리를 위한 독후 활동에 관심이 커지는가 하면, 실험 관찰 보고서, 체험학습 보고서, 주제 탐구 보고서 등과 같이 학교에서 때마다 요구하는 각종 활동 보고서도 간과할 수 없게 되었다. 그중에서도 방학마다 찾아오는 체험학습 보고서는 잘만 활용하면 어영부영 보내기 십상인 방학을 보다 의미 있게 바꾸어 줄 수도 있다. 아이와 즐거운 시간도 보내고, 쉽고 재미있게 아이들의 경험도 확장시킬 수 있으니 일석이조다. 어디를 데려가서 무엇을 보여 주면 좋을까 고민하고, 정보도 찾아보고, 각종 방학 특별 전시나 체험 프로그램도 눈여겨 본다.

하지만 아무리 새롭고 특별한 경험을 하고 와도 아이는 체험학습 보고서 앞에서 어쩔 줄을 모른다. 체험할 때에는 그렇게나 즐거워했던 아이도 막상 보고서 앞에서는 꿀 먹은 벙어리가 되기 일쑤다. 자기 스스로 어떻게든 해결하는 경우에도 체험의 감흥이 영 볼품없다. 새로운 경험을 많이 하면 독창적인 발상이 금세 튀어 오를 줄 알았던 엄마 입장에서는 실망스럽기 마련이다. 그림일기 속 '참 재미있었다'의 악몽이 되살아나는 듯하다. 이대로는 안 되겠다 싶어 엄마가 나서 보지만, 정작 본인도 무엇을 어떻게 시작해야 할지 막막하다. 인터넷을 뒤져서 보고서 양식도 살펴보고, 보고서 샘플도 뒤져보지만, 아이에게 어떻게 시켜야 할지 감이 잘 오지 않는다. 인터넷에서 찾은 샘플을 곁눈질로 훔쳐보며 아이를 다그치면, 마치 엄마가 숙제를 대신 해 주는 듯한 느낌을 지울 수가 없다. 체험에서 보고 듣고 배운 그 많은 정보들은 다 어디로 사라졌을까? 체험학습 보고서는 아이 숙제가 아니라 엄마들의 숙제가 될 수밖에 없을까?

베테랑
엄마에게
물어보세요

Q 아이에게 새롭고 특별한 경험을 시켜 주고 싶은데 어디를 가야 할
지 모르겠어요.

아이를 위해 어떤 경험을 하게 해 줄까 고민하는 엄마가 체험에 앞서 가
장 먼저 염두에 두는 것은 역시 아이의 기호와 관심사일 것입니다. 아이
가 과학을 좋아하면 과학 박물관을, 공룡을 좋아하면 자연사 박물관을,
수영을 좋아하면 바다를 먼저 떠올리죠. 아이의 관심사와 밀접한 연관이
있는 체험 장소를 택하면, 아이는 더 적극적으로 체험에 참여할 수 있습
니다. 하지만 매번 과학 박물관에, 자연사 박물관에, 바다에 갈 수도 없는
노릇입니다. 부모 입장에서는 아이가 더 다양한 경험을 하기를 바라는 것
은 당연합니다. 아이가 체험을 통해 또 다른 발견을 하고, 새로운 관심사

를 찾을 수 있기를 바라기 때문입니다. 하지만 그저 '다양하고 많은 것을 경험했으면' 하는 모호한 욕심 때문에 목적도 이야기도 불분명한 체험을 반복하고 있지는 않은지 되짚어볼 필요가 있습니다. 새로운 자극은 대단히 진기한 체험에서 주어지는 것도 아니고, 체계적인 프로그램이 필요한 것도 아닙니다. 아이에게 다양한 자극을 주고 싶다고 해서 계속해서 새로운 곳, 새로운 경험만을 찾아 나설 일이 아니죠. 중요한 것은, 아이가 자신의 현재와 일상을 다른 시각으로 다시 살펴볼 수 있도록 변화를 주는 것입니다. 매일 오가던 동네도 늘 다니던 길이 아닌 새로운 길로 둘러보면 탐험이 됩니다. 시각을 바꾸면 익숙함도 새로움이 되고요. 새로움은 특별한 자극을 주고, 아이는 발견의 즐거움을 느낄 수 있을 것입니다.

Q 아무리 좋은 체험을 시켜 줘도 정작 아이는 별 생각이 없는 것 같아요. 아이에게 동기 부여를 할 수 있는 방법은 없을까요?

아무리 체험학습 보고서가 자유 형식이라고 해도 기본적으로 체험의 동기와 목적에 대한 언급이 포함되기 마련입니다. 하지만 체험 장소나 프로그램 자체를 부모가 결정하고 제시하는 경우가 대부분이기 때문에, 아이가 스스로 체험 동기와 목적을 생각하기란 쉽지 않습니다. 여행을 가서 그저 즐겁게 하루를 보내다 왔는데 난데없이 체험의 동기와 목적을 물어본다면, 아이 입장에서도 답답할 노릇이겠죠. 직업 체험관이나 역사

박물관처럼 그 자체로 목적이 아주 뚜렷한 장소에 다녀온 경우에도 아이의 목적 의식을 자극하기는 쉽지 않습니다. '여러 가지 직업을 알고 싶어서', 혹은 '우리나라 역사를 더 많이 알고 싶어서'와 같이 그 장소 자체의 목적을 마치 자신의 체험 동기인 양 답습하는 경우가 많기 때문입니다. 사실 체험 동기와 목적은 보고서의 주제 의식을 결정하는 중요한 부분입니다. 그렇기 때문에 '내가 왜 그곳에 가야만 하는지', '내가 무엇을 위해서 그 체험을 해야 하는지'에 대해 사전에 아이에게 충분히 생각할 시간을 줄 필요가 있습니다. 부모 또한 이해가 될 만한 설명이나 호기심을 유발할 만한 질문을 던졌는지, 아이에게 일방적으로 요구하고 제시하기만 하지는 않았는지 스스로 돌이켜보아야 합니다.

Q 우리 아이는 여기저기 체험을 많이 다니는 편인데, 보고서만 쓰려고 하면 기억이 안 난다고 하네요.

분명 재미있는 경험을 많이 했는데 아이가 보고서를 통해 복기하는 기억이 미미하다면, 엄마는 실망스러울 수밖에 없습니다. 미술관에도 가고, 박물관에도 가고, 체험 프로그램에도 참여했는데 아이가 극히 일부만을 겨우 짜내면서 '재미있었다'고 소감을 표현하면, 체험 자체가 아이에게 별 의미가 없는 것은 아닐까 의심도 되죠. 물론 다양한 경험과 새로운 체험은 아이에게 좋은 자극제가 됩니다. 하지만 단순한 정보가 파편적으로 제공되는 체험에서 아이가 기억할 수 있는 부분은 제한적입니다. 예컨대 박물관에 가서 다양한 문화재들을 관람했다고 해 보죠. 불상도 보고, 알 수 없는 책이나 그림도 보고, 도자기도 보았을 거예요. 도슨트 선생님의 설명으로 각 문화재의 시대적 용도나 의미도 들었고요. 그러나 아무리 많은 정보를 흥미롭게 듣고 보고 접했다 하더라도 이 모든 것이 하나의 흐름을 가지지 않는다면 아이에게는 전혀 연관성이 없는 파편으로 와 닿을 것입니다. 마치 연도별로 구성된 역사책을 볼 때는 이해하기 힘들었던 사건들도 서사로 구성된 다큐멘터리나 사극을 볼 때에는 쉽게 이해하고 기억할 수 있는 현상과 같은 맥락입니다. 제시된 정보들 안에서 하나의 구심점을 찾아 아이 스스로가 이야기를 구성해 내기란 어려운 일입니다. 더 많은 체험, 더 다양한 체험을 하면 보고서의 내용이 풍부해질 것이라는 편견을 가지고 있다면 이는 과감히 버리는 것이 좋습니다. 체험에 앞서 아이에게 어떤 이야기가 담긴 경험을 선사해 주고 싶은지부터 생각해 볼 필요가 있습니다. 아이의 체험에 일관된 맥락은 있는지, 아이는 본인의 경험을 하나의 이야기로 받아들일 수 있는지에 대해 먼저 고민해야 할 것입니다.

체험학습 보고서로
우리 아이의 능력을
키울 수 있을까?

팔을 걷어붙이고 도와주자니 엄마도 무엇부터 시작해야 할지 막막하고, 그렇다고 그냥 내버려두자니 조금이라도 특별하게 준비해서 보내고 싶은 욕심이 앞서는 엄마들에게 체험학습 보고서는 꽤나 부담스러운 과제다. 실제로 인터넷에서 체험학습 보고서를 검색해 보면, 이러지도 저러지도 못하는 엄마들의 마음을 노리는 사이트들로 넘쳐난다. 체험학습 보고서 양식이나 샘플을 제시하는 사이트는 부지기수이고, 체험학습 보고서를 쓰는 요령이나 방법을 가르쳐 주는 사이트도 많다. 심지어 체험학습 보고서를 몇천 원이면 살 수 있는 사이트가 있는가 하면, 특별한 보고서를 만들기 위한 북 아트 강좌를 하는 곳까지 아주 다양하다. 그러나 하나하나 들여다보면 체험학습 보고서를 잘 써서 내야한다는 의무감만 앞설 뿐, 그것으로 실상 아이가 무엇을 성취할 수 있는지, 아이의 경험을 어떻게 확장할 수 있는지에 대한 고민은 결여되어 있다. 그저 눈앞의 과제에만 급급해서 인터넷 정보만 뒤적이다가 정작 중요한 부분을 놓치고 있는 것은 아닌지 생각해 보아야 한다. 체험학습 보고서를 통해서 챙겨야 할 궁극적인 목표는 무엇일까?

체험학습 보고서는 창의적인 경험을 가능하게 한다.

- 체험학습 보고서는 경험의 재구성을 통해 생각을 확장할 수 있는 기회다.
- 평범함도 특별하게 볼 수 있는 새로운 시각을 길러 준다.
- 상황에 대하여 주관적으로 해석할 수 있는 힘을 키울 수 있다.

경험은 중요하다. 성장 과정에서 다양한 경험을 하는 것은 아이의 상상력과 창의력을 길러 줄 뿐 아니라, 가치관 형성에도 지대한 영향을 미친다. 경험의 중요성에 대해서는 굳이 강조하지 않아도 엄마들이 더욱 민감하게 인지할 것이다. 그러나 엄마가 아이에게 선사하고 싶은 '새로운' 경험, '다양한' 경험이 무엇을 향하고 있는지에 대해서는 다시금 생각해 볼 필요가 있다. '새로운 경험'이란 한 번도 가 보지 않은 곳에 가고, 한 번도 해 본 적 없는 체험을 하는 것만을 의미할까? '다양한 경험'이란 단순히 양적으로 많은 경험을 의미할까?

제아무리 특별하고 다채로운 경험일지라도 시간이 지나면 그 감흥이 쉽게 사라진다. 시간은 평생 잊지 못할 추억이 될 것만 같았던 경험까지도 쪼개고 부수어 과거의 단편으로 만들어 버린다. 시간의 힘은 하루가 다르게 자라는 아이들에게 더욱 강력하게 작용한다. 따라서 경험의 새로움과 다양함보다는 사소한 경험 하나도 오래도록 그 의미가 간직될 수 있도록 도와주어야 한다. 다른 사람에 의해서 주입된 정보보다 스스로 찾고 익힌 정보가 더 오래 기억되는 것처럼, 경험도 스스로 재구성하는 시간을 통해서 그 의미가 커질 수 있다. 이러한 점에서 체험 학습 보고서는 자칫 흘러가 버릴 수 있는 경험을 재구성할 수 있는 기회다. 경험을 재구성하는 과정은 생각을 확장할 뿐 아니라, 자신만의 표현을 다양하게 만들어 준다. 그것이 스스로 수많은 질문을 던지고 기억 속에서 해답을 찾아 나가는 과정을 포함하기 때문이다. 가령 바다를 바라보고 해변가에 서 있는 사람은 '나는 바다를 보고 있다'는 사실에 대해 의심하지 않는다. 하지만 시간이 지나 다시 바다에서의 경험을 떠올리고자 하면, '나는 무엇을 보았던가', '나는 그것을 보면서 무슨 생각을 했던가', '어떤 소리가 들렸는가' 등 꼬리에 꼬리를 무는 질문 속에서 기억을 건져 올려야 한다. 그리고 이렇게 소환한 기억들을 언어로, 그림으로 재구성하면 과거의 경험을 바라보는 현재의 생각과 느낌이 덧붙여져 그 의미가 확장된다.

프랑스의 예술가 마르셀 뒤샹Marcel Duchamp은 욕실 용품 제조회사가 만든 남성용 소변기를 미술관에 전시함으로써 유명한 작품 〈샘Fontaine〉을 탄생시켰다. 그는 소변기와 같이 일상적인 물체를 고상한 예술의 영역으로 옮겨 놓음으로써 예술 자체의 패러다임을 뒤흔들었다. 그는 작품 〈샘〉으로 예술과 예술 작품, 그리고 예술가의 개념을 모두 바꾸었지만, 그가 사용한 것은 특별한 기술이나 대단한 장인 정신으로 만들어진 창조물이 아니었다. 뒤샹의 새로운 시각과 주관적 해석이 어디서나 볼 수 있는 소변기를 예술 작품으로 재창조한 것이다.

특별함이 반드시 특수함에서 비롯하는 것은 아니다. 평범함 속에서도 새로운 시각으로 특별함을 발견할 수 있다. 익숙한 것도 주관적 해석으로 다르게 만들 수 있다. 우리 아이들에게도 반드시 특별한 경험, 다양한 경험이 필요한 것은 아니다. 보편적인 경험 속에서도 특수성을 발견하고, 평범한 일상에서도 특별함을 발견하는 새로운 시각과 주관적 해석의 힘을 키워 주는 것이 더욱 중요하다. 체험학습 보고서는 아이가 자신의 경험을 하나의 이야기로 구성하는 과정이다. 아무 생각 없이 보고 들은 총체적인 경험을 나열하기만 해서는 좋은 체험학습 보고서를 쓸 수 없다. 아이의 시각이 담긴 해석이 필요하다. 체험학습 보고서를 통해서 자신의 경험을 하나의 목적과 주제 안에서 풀어 나가는 연습을 하다 보면, 소소한 경험도 특별한 이야기로 만들 수 있는 새로운 시각을 키울 수 있다. 특정 주제 안에서 자신의 체험을 이야기로 재구성하는 과정은 아이 스스로 그 경험에 대한 의미를 찾아 나가도록 만든다. 그저 '재미있었다'에서 끝날 수 있었던 느낌과 생각들을 구체적으로 정립해 볼 수 있기 때문이다. 내가 보고 듣고 느낀 것들이 나에게 준 의미를 곱씹어 보는 과정은 주관적 해석의 힘을 길러 준다. 내 앞에 주어진 의미, 강요된 해석에서 벗어나 자신의 관점으로 세상을 해석할 수 있는 능력을 키울 수 있는 것이다.

주어진 교과 내용을 익히고 평가받는 학습 과정 중에는 자신의 해석을 자유롭게 드러낼 수 있는 기회가 많지 않다. 그렇기 때문에 주관적인 해석을 마음껏 드러낼 수 있는 체험학습 보고서는 값진 활동이다. 학교에서 요구하는 체험학습 보고서의 형식이 자유로운 점을 이용하여 재미있는 시도도 해 볼 수 있다. 앵커가 되어서 체험에 대한 리포트 보도를 해 본다거나, 카메라로 자신의 시선이 담긴 사진을 찍어 이야기가 있는 사진첩을 만들어 볼 수도 있다. 체험학습 보고서를 아이의 새로운 시각과 주관적 해석을 재미있고 다양한 방법으로 드러낼 수 있는 기회로 삼는다면, 아이는 더욱 자신 있고 독창적인 관점을 가질 수 있을 것이다.

체험학습 보고서
단계별 훈련법!

STEP 1 · 익숙한 것도 낯설게 볼 수 있도록 자극한다.

"얘들아, 우리가 매일매일 지나다니는 곳, 우리와 가까운 곳에도 엄청난 비밀들이 숨어 있대!"

아이들은 선생님이 무슨 뜬금없는 소리를 하나 어리둥절해한다. 학교 가는 길에도, 집 주변 놀이터에도, 심지어 늘 생활하는 집 안에도 우리가 모르는 비밀들이 숨어 있다고 우겨대는 선생님이 우스운지 저희끼리 킬킬댄다.

"에이, 매일 지나다녀도 비밀 같은 건 없던데요?"

"맞아요. 무슨 만화책도 아니고, 비밀이 어딨어요?"
"그럼 여기도 있어요? 아무것도 없잖아요! 우리 안 속아요."

허무맹랑한 상상에도 속아 넘어가는 어린아이 취급은 사절이라는
듯 거세게 반박하는 아이들이지만 계속해서 비밀의 끈을 놓지 못하
는 모습을 보면 살짝 기대가 되기는 하나 보다.

"진짜야. 우리 주변 어디나 비밀들은 숨어 있다니까. 그 비밀들은 우
리가 찾아 주기를 기다리고 있어. 사람들이 그걸 믿지 않아서 찾지
못할 뿐이라고. 우리가 그 비밀들을 한번 찾아 볼까?"

이쯤 되니 아이들의 눈이 조금씩 호기심으로 반짝인다. 비밀이란
것이 정말로 있는지는 모르겠지만 슬그머니 구미가 당기는 눈치다.
우리는 모두 가까운 양재천으로 향했다. 동네 아이들이니 모두 양
재천이 익숙해 자기들끼리 오히려 앞장을 선다.

"자, 우리 이 양재천에서 신나는 비밀을 찾을 거야. 사람들이 보지
못하는 비밀을. 지금부터 양재천 주변에서 그동안 발견할 수 없었
던 새로운 것들을 찾자. 너희들이 발견하는 그 새로운 것들이 우리
가 찾아 주기를 기다리고 있었던 비밀일지도 몰라. 천천히, 아주 주
의 깊게 주변을 둘러봐. 그냥 스쳐 지나가는 사람들은 절대로 발견

하지 못할 양재천의 비밀은 무엇일까? 매일 지나다니면서 한 번도 보지 못했던 새로운 것들은 없을까?"

익숙함은 관성을 낳는다. 관성에 물들면, 기대와 설렘이 사라지고 그 자리에 고여 버린다. 엄마들이 창의력과 상상력에 기대를 거는 이유 역시 아이들이 정지된 시각이 아닌 유동적인 시각으로 세상을 바라볼 수 있는 가능성을 가지고 있기 때문일 것이다. 하지만 누구나 낯선 것은 낯설게 본다. 중요한 것은, 익숙한 것을 얼마나 낯설게 볼 수 있는가에 있다.

지극히 일상적이고 소소한 것부터 다시 보는 습관을 기르면 특별한 시각을 가지게 된다. 아이들에게 새로운 자극을 일방적으로 제공해야 한다는 부담을 잠시 내려놓고, 익숙한 것부터 새로운 시각으로 볼 수 있도록 유도해 보자. 비밀이 숨어 있다거나 우리가 모르는 전설이 있다는 등, 작은 단서로 흥미를 유발하는 것도 도움이 된다. 늘 오가던 길, 자주 찾던 장소, 늘 옆에 있는 가족이나 친구, 항상 먹던 음식이나 가지고 놀던 장난감 같은, 아이가 일상적으로 접하는 모든 것이 다시 보기의 대상이 될 수 있다. 익숙한 시각으로는 발견할 수 없었던 새로운 면모를 찾아내며 즐거워하는 아이를 볼 수 있을 것이다. 모두가 당연하게 여기는 것도 의심해 보는 힘, 익숙한 습관에서 벗어날 수 있는 능력, 다른 시선으로 바라보는 눈은 이렇게 작은 노력에서부터 출발한다.

처음에는 반신반의했던 아이들의 태도가 달라진다. 걸음이 느려지고, 멈춰서서 무엇인가를 골똘히 보는 경우가 잦아졌다. 재민이는 산책길 옆에 쪼그리고 앉아 풀밭 사이를 뒤지기도 하고, 준서는 양재천 물을 하염없이 바라보기도 한다. 우형이는 물 위에 두둥실 떠 있는 플라스틱 용기를 한참 지켜보더니 작은 돌멩이 하나를 물속에 던져 보기도 한다. 아이들은 저마다 탐정이라도 된 듯이 한참 동안 양재천 주위를 샅샅이 살핀다.

"선생님, 이것 좀 보세요. 다른 풀들은 다 추워서 노랗게 시들었는데, 여기 이 풀은 초록색이에요. 납작하게 땅에 붙어 있어서 추운 줄 모르나 봐요."
"선생님, 저쪽 다리 밑에서는 물이 천천히 흐르는데, 여기 징검다리 쪽에서는 빨리 흘러요."
"선생님, 쓰러져 있는 갈대를 주워서 칼싸움 하면 재미있을 것 같아요. 저기 물 위에는 컵라면 통이 떠 있는데, 거기 돌멩이 넣기 놀이 해도 돼요? 놀이동산처럼 게임할 수 있는 게 많아요."

발견이 많아질수록 나를 부르는 목소리가 잦아졌다. 어느새 양재천은 아이들 앞에서 그 비밀을 하나씩 드러내고 있었다.

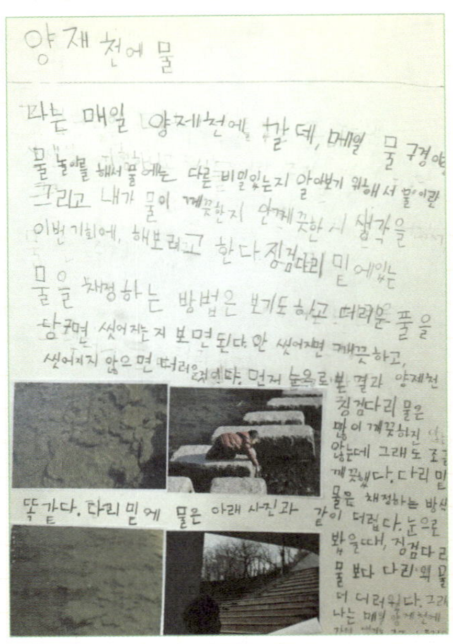

준서(9세)

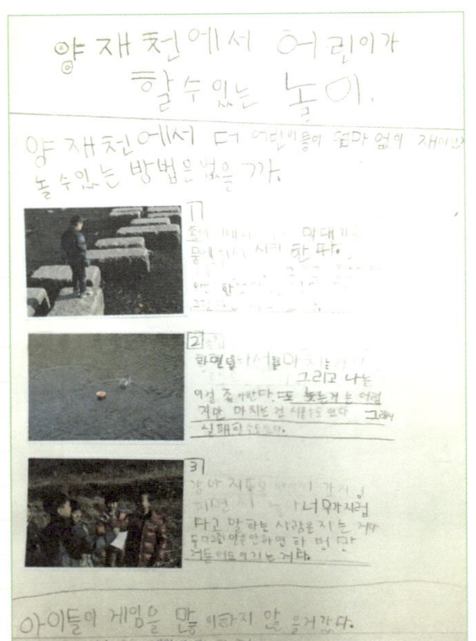

우형(9세)

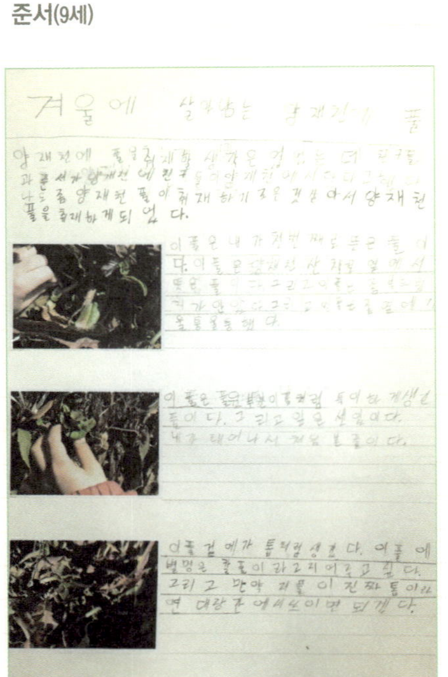

재민(9세)

아이들이 발견한 양재천의 비밀.
늘 지나다니는 곳도 새로운 시각으
로 바라보면 훌륭한 체험의 장소가
될 수 있다.

"우리가 보고 듣고 배운 것들을 다른 친구들한테 재미있게 설명해 볼까?"

아홉 살 기홍이는 부모님과 함께 경복궁과 창경궁에 다녀왔다. 전통 혼례복을 입은 여자 캐릭터 스티커를 사 와서 선물이라며 수줍게 내밀기도 했다. 재미있었냐고 묻자 너무 많이 걸어 다녀서 힘들었지만 재미있었단다. 이런저런 것을 묻는 내게 기홍이는 경복궁과 창경궁 관람에서 보고 들은 정보를 신나서 이야기하기 시작했다. 기홍이에게 궁 답사는 어떤 체험이었을까?

"책에서 본 큰 기와집을 봤어요. 옛날 왕들이 살았던 곳이래요. 근데 일본 사람들이 빼앗은 적이 있었대요. 왕비를 죽이기도 했대요. 전부 다 불탔는데, 다시 지은 거래요"

답사를 하며 보고 들은 파편적인 정보들이 맥락 없이 쏟아져 나왔다. 가만히 듣다 보니 궁의 건축적 특징이나 과거의 기능보다 궁이 겪은 이야기, 궁의 슬픈 역사에 대해 관심이 가는 듯했다. 사실 우리네 궁들은 임진왜란부터 일제강점기와 한국전쟁, 산업화의 시대를 거치는 동안 수많은 고초를 겪어 왔다. 기홍이가 궁금해하는 것은 바로 그러한 이야기였다. 궁은 대체 어떤 일들을 겪어 왔는지, 그리고 그 먼 옛날부터 지금까지 숨 쉬고 있는 궁이 우리에게 이야기하는 것은 무엇인지. 기홍이가 다녀온 경복궁을 중심으로 조선 왕조의 궁들이 오늘날까지 어떤 일들을 겪었는지 차근차근 이야기해 주었다. 남아 있는 그림이나 사진이 있으면 당시의 모습도 함께 보여 주었다.

"이제 기홍이가 다녀온 경복궁과 창경궁의 이야기들을 다시 한 번 다른 친구들에게 알기 쉽게 설명해 볼까? 아직 경복궁과 창경궁에 못 가 본 아이들에게 기홍이는 어떤 이야기를 들려주고 싶어? 다른 친구들도 경복궁과 창경궁에 흥미를 느낄 수 있도록 쉽고 재미있게 설명하려면 어떻게 해야 할까?"

아이가 경험한 내용들을 스스로 재해석할 수 있도록 유도하기 위해서는 가상의 관중과 청중을 설정하는 것이 좋다. 어린 동생이나 친구 같은 특정 대상을 지정하는 것도 재미있다. 아이들은 체험학습 보고서를 왜 써야 하는지, 그 당위에 대한 이해가 부족하다. 따라서 학교 숙제니까 써야 한다고 의무만 강요하다 보면 형식만 차린 공허한 보고서만을 낳을 뿐이다. 무엇을 위해, 어디를 향해 전달해야 하는가에 대한 설정이 분명히 필요하다.

보고서 쓰기는 아이가 자신의 경험을 재구성할 수 있는 좋은 계기가 된다. 하지만 아이의 경험은 대체로 지극히 파편적이다. 따라서 하나의 중심축을 설정하지 않으면 어디 가서 무엇을 했고, 무엇을 보았고, 그래서 참 재미있었다는 등의 보고서밖에 쓸 수 없다. 체험 안에 이야기가 없으면 보고서의 주제를 정하는 것조차 어려울 수 있다는 것이다. 아이가 주워 담은 낟알들을 엮을 수 있는 하나의 줄기가 필요하다. 그것이 주제다.

아이의 체험은 하나의 이야기가 되어야 한다. 그렇게 되면 체험 보고서 쓰기는 아이가 자신의 이야기를 다른 사람들에게 재미있게 다시 전달해 주는 작업이 될 것이다. 체험 전에 체험할 곳에 대한 배경을 함께 살펴보거나 체험 후에 아이가 궁금해하는 부분이나 흥미로워하는 부분을 더 파고들어가 보는 것도 아이가 자기 체험을 재해석하는 데 도움이 된다. 사전 지식이나 배경 지식이 아이의 이야기를 더 풍성하게 해 줄 수 있기 때문이다. 자기가 보고 듣고 배운 바를 동화나 만화, 삽화 등으로 표현해 보는 습관도 큰 도움이 된다. 자신의 체험을 만화로 구성해 본다거나, 자기가 체험에서 알게 된 사실을 그림이나 동화로 표현해 보는 작업을 통해 아이는 자연스럽게 자신의 주관적 해석을 이끌어 낼 것이다.

기홍(9세)

아홉 살 기홍이는 경복궁과 창경궁을 직접 다녀온 후, 본인이 가장 흥미롭게 생각했던 궁에 얽힌 이야기를 추가로 더 접했다. 기홍이는 아직 글을 잘 읽지 못하는 어린 동생들에게 자신의 경험과 배움을 설명하기 위해 그림을 적극 활용했다. 놀라운 점은, 궁의 모습을 아이들이 좋아하는 고양이로 비유해 표현했다는 것이다. 목줄에 매여 자유를 잃어버린 고양이는 일제강점기의 경복궁을 의미한다. 고양이의 집 위에는 회전 놀이 기구가 지어졌다. 한때 궁으로서의 권위를 실추시키고자 일본이 놀이동산으로 이용한 창경궁의 슬픈 역사를 표현한 것이다. 일본은 제멋대로 궁의 일부를 훼손하고, 그 의미를 왜곡하기도 했다. 당시 일본인들은 경복궁 내의 많은 전각들을 별장이나 요리점, 사찰 등으로 이용하기 위해 훼손하고 이동시켰으며 철거하기도 했는데, 기홍이에게 이러한 사실을 이야기해 주었더니 어떻게 남의 나라 궁궐을 그토록 함부로 망가뜨릴 수 있냐며 크게 화를 냈다. 기홍이의 속상한 마음은 분해된 고양이 인형 그림에서 여실히 드러난다. 기홍이의 그림 속 고양이 인형의 몸은 제각기 분해되어 있다. 온전한 제 몸을 잃은 고양이의 눈가에 맺힌 작은 눈물방울이 슬프다. 이후 고양이 인형의 몸에서 떨어져 나간 팔다리는 보기에도 괴이할 정도로 이상한 위치에 마구잡이로 붙었다. 기홍이는 궁궐을 직접적으로 그리지 않으면서도 일본에게 유린당한 경복궁의 슬픈 역사를 고스란히 담아내고 있다. 그 주관적인 해석이 놀라울 따름이다.

경복궁
창경궁
흥녕현
넌참 붉났해
일본들은 해목
나쁜 다,
더희들이 이렇게
일들 이겼으니
까망 화냥

준서(10세)

열 살 준서는 집 근처 한강을 찾았다. 평소에도 엄마와 자전거를 타러 한강변을 가끔 찾았지만, 한강에 대해 의문을 가지고 생각해 본 적은 없었다. 그러나 쟁점을 던지자 해석이 풍부해졌다.

"우리는 지금 한강에서 자전거도 타고 소풍도 즐기지만, 옛날 사람들에게 한강은 어떤 의미였을까?"

준서가 그린 한강 주변에서는 전쟁이 끊이지 않는다. 서로 한강을 차지하겠다고 싸우는 모습 같기도 하고, 넓은 한강이 적의 침략을 막는 데 유용한 역할을 하는 모습 같기도 하다. 물고기가 줄지어 가는 모습처럼 준서 그림 한쪽의 배를 탄 사람도 "와우, 빨리 간다"며 좋아한다. 걸어가거나 달구지를 타고 가면 힘든 길도 배를 타고 가면 빠르고 쉬웠을 것이라는 생각이 재미있게 표현되었다. 한강은 어른들보다 아이들에게 더 크고 넓고 깊다. 준서는 바다같이 넓어 보이는 한강에 물이 가득해 사람들이 강가에서 농사를 지었을 것이라고 생각했다. 비가 오면 물이 넘치니 빨리 농사를 지어야겠다고 재촉하는 사람이 재미있다.

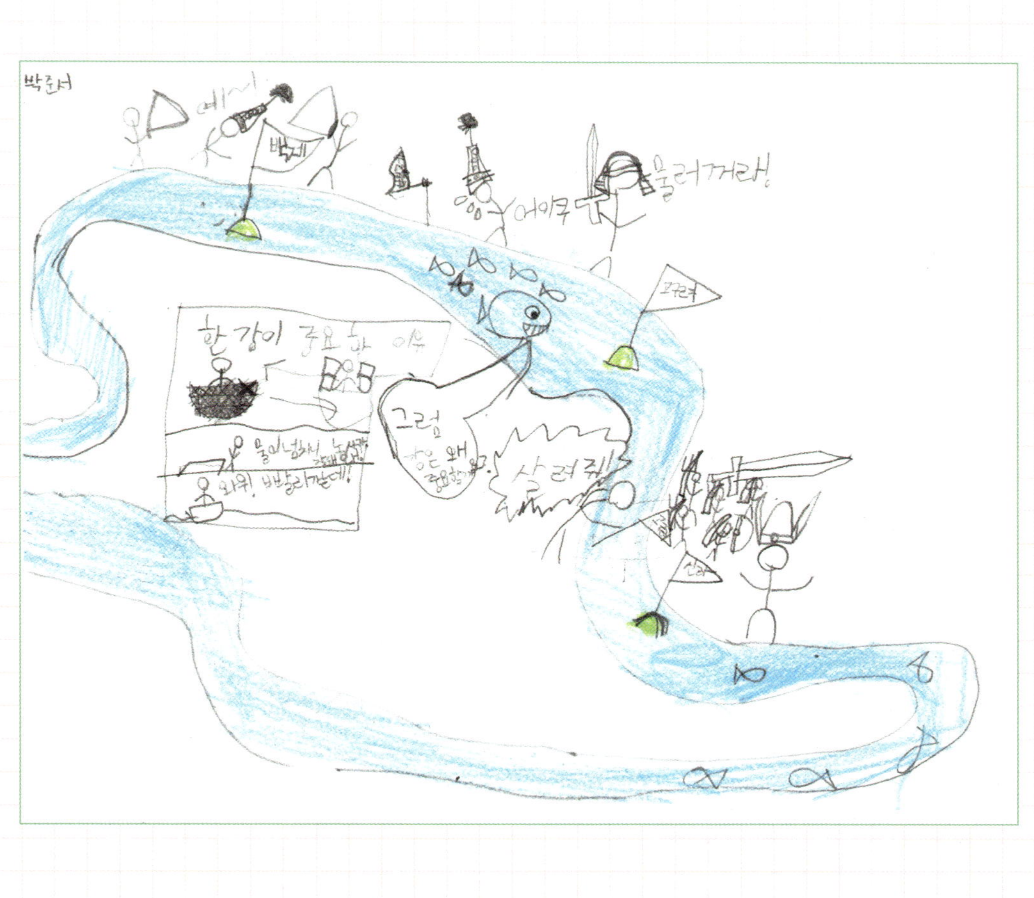

박준서
에이~
백제
물러가거라!
어어쿠
고구려
한강이 중요한 이유
물이 넘쳐서 농사가 잘돼요!
와위! 바빠놀러가는데!
그럼 강은 왜 중요할까?
살려줘!

STEP 3 · 질문을 통해 경험을 구체화한다.

열 살 동희는 가족들과 난생 처음으로 경복궁에 다녀왔다. 동희처럼 가족과 함께 체험을 하는 경우, 엄마가 직접 체험 장소에 대한 이런저런 이야기를 해 주어도 좋고, 해설 프로그램을 이용하거나 시중에서 쉽게 구입할 수 있는 해설서 및 관련 책들을 통해 배경 지식들을 보충해 주어도 좋다. 체험 앞뒤에 관련 지식을 접하는 것은 아이의 체험을 더욱 풍성하게 해 줄 수 있기 때문이다. 동희 역시 경복궁에 다녀온 후 관련 정보를 추가로 접하면서, 자신이 보고서를 통해 전달하고자 하는 주제를 잡아 나갔다. 동희는 자기가 본 경복궁이 엄청 넓고 멋있다고 자랑을 하면서도 경복궁에 얽힌 역사를 안타까워했고, 경복궁의 슬픔을 주제로 체험학습 보고서를 작성하려 했다.

"선생님, 경복궁은 임진왜란 때 전부 불탔는데 다시 지어진 거예요."
"옛날에는 훨씬 더 컸대요. 지금도 엄청 넓던데, 더 컸으면 진짜 진짜 넓었겠어요."
"일본 사람들이 경복궁 앞에다 자기네 건물을 세우기도 했어요. 경복궁이 안 보이게 하려고요."

'경복궁의 슬픔'이라는 주제를 잡으니 경복궁 체험에서 보고 들어 알게 된 파편적 정보들이 하나의 줄기로 엮였다. 분명 큰 흐름의 이야기는 구성되었다. 하지만 막상 보고서를 작성하기 위해 종이를 받아들자 동희는 망설였다. 무엇을 어떤 순서로, 어떻게 보여 주어야 하는지에 대해서는 자신이 없는 모습이었다.

"뭐부터 해야 돼요?"
"어떻게 해야 돼요?"

주제를 잡고 그 줄기에 따라 전달하고자 하는 하나의 이야기를 구성할 수 있다 해도 그 내용을 효과적으로 구체화하는 작업은 여전히 어렵다. 일률적으로 주어지는 체험학습 보고서의 양식을 그대로 채워 넣는 방식에 의존하게 되는 이유도 이러한 어려움 때문일 것이다. 하지만 엄마가 아이의 경험담을 실제로 보고 들을 관객이 되어 여러 가지 질문을 던지면, 생각보다 쉽게 그 내용이 구체화된다. 꼬리에 꼬리를 무는 질문을 통해 자신의 이야기를 더욱 논리적으로 다듬을 수 있도록 유도하는 것이다.

"다 했어요!"
무엇부터 어떻게 해야 하는지 꾸준히 물어보는 동희의 당혹감을 뒤로 한 채, 혼자서 모든 것을 하도록 두었다. 망설이고 주저하는 모습을 보이면서도 이야기가 확실하니 필요한 사진 자료도 찾고 설명도

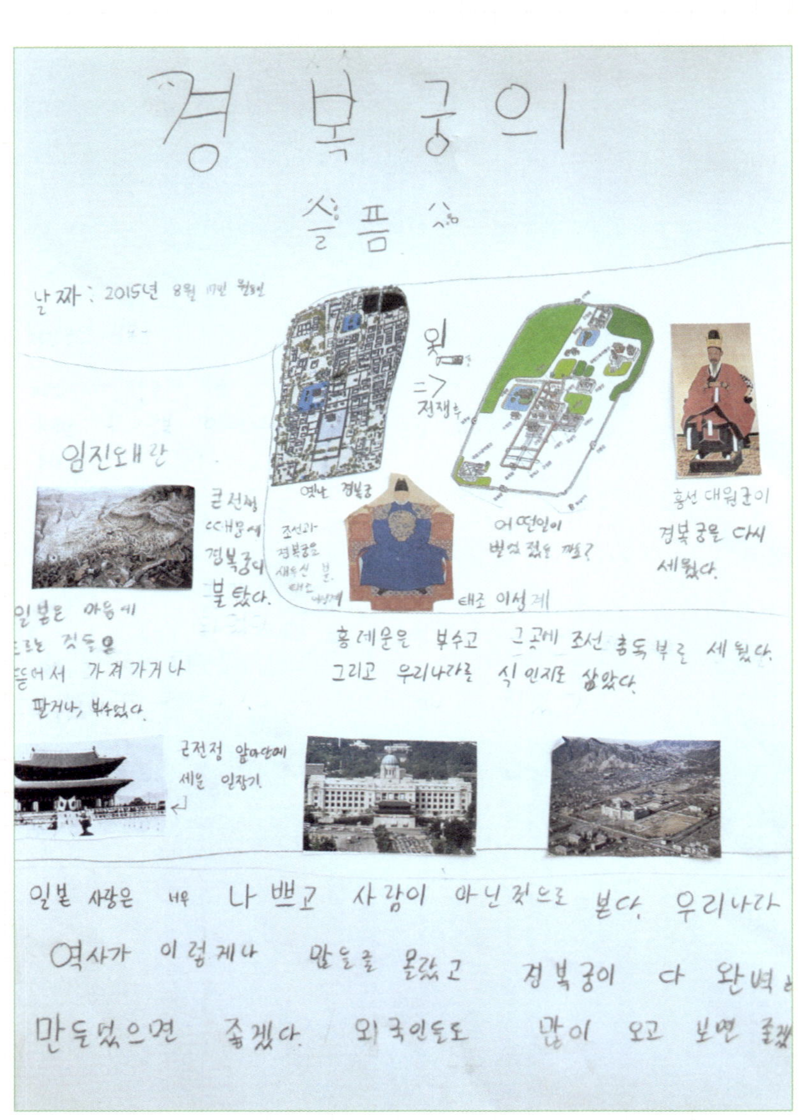
경복궁의
슬픔
날짜: 2015년 8월
임진왜란
옛날 경복궁
왼
전쟁후
흥선 대원군이
경복궁을 다시
세웠다.
조선과 경복궁을 세우신 분 태조 이성계
어떤일이 벌어 졌을 까?
태조 이성계
큰 선생 때문에 경복궁이 불 탔다.
일본군 마음에 드는 것들을 뜯어서 가져 가거나 팔거나, 부수었다.
홍례문을 부수고 그곳에 조선 총독부를 세웠다.
그리고 우리나라를 식민지로 삼았다.
근정전 앞마당에 세운 인장기.
일본 사람은 너무 나쁘고 사람이 아닌 것으로 본다. 우리나라
역사가 이렇게나 많을 줄 몰랐고 경복궁이 다 완벽히
만들었으면 좋겠다. 외국인들도 많이 오고 보면 좋겠

동희가 쓴 첫 번째 보고서

쓰면서 스스로 해낸 것이다.

하지만 동희의 체험학습 보고서는 그 흐름이 자연스럽지 않았다. 주제는 드러나 있지만, 그것을 구체적이고 효과적으로 구성하지 못해 어쩐지 산만했다. 동희의 훌륭한 주제와 이야기를 구체화할 수 있는 질문이 필요했다.

"동희야, 왜 경복궁에 대한 이야기를 친구들에게 들려주고 싶었어?"
"옛날에도 경복궁이라는 이름은 들어봤거든요. 그런데 경복궁이 어떤 곳인지 정확하게 알지는 못했어요. 궁궐이니까 엄청난 게 있을 것 같기는 했는데…… 다른 애들도 경복궁 이름은 다 알아요. 근데 전날의 저처럼 잘 모르는 애들도 많을 것 같아서 얘기해 주고 싶었어요."

"실제로 가 보니까 어떤 곳이었어? 옛날에는 어떤 곳이었대?"
"엄청 크고 넓었어요. 조선 시대에는 경복궁이 제일 중요한 궁궐이었어요. 들어가는 길에 세종대왕이랑 이순신 장군 동상도 있어요. 분수도 있고요. 옛날에는 그 주변이 다 기와집이었대요. 경복궁 안에는 연못도 있어요. 나무도 많고요. 엄청 시원하고 커요."

"지금도 큰데, 옛날에는 더 컸다면서?"
"네. 근데 임진왜란 때 불타고, 일제강점기에 막 망가뜨려서 지금은

훨씬 작아졌어요. 그런데 아직도 경복궁을 짓고 있어요. 옛날이랑 똑같이 다시 지으려고 한대요."

질문이 거듭되면서 동희의 이야기에도 흐름이 잡혀 갔다. 주제도 더 확실해졌다.

"선생님, 사람들이 경복궁에 대해서 더 많이 알았으면 좋겠어요."
"그럼 사람들이 경복궁에 대해서 더 많이 알 수 있도록 동희가 경복궁을 멋지게 소개해 보자."

꼬리에 꼬리를 무는 질문으로 자신의 이야기를 구체화하니 구성이 달라졌다. 경복궁에 대해서 이야기하고 싶었던 이유를 솔직하게 쓰며 보고서의 포문을 연다. 그동안 한 번도 가 본 적은 없지만, 경복궁에는 엄청난 무엇인가 있을 것이라는 기대가 컸다는 동희. '우리나라 역사를 알고 싶어서'라거나 '조선 시대 왕이 어떻게 살았을지 궁금해서' 같은 틀에 박힌 동기가 아니라, 경복궁에 대해서 잘 알지 못하는 동희가 경복궁에 대한 이야기를 하게 된 진짜 이유가 담겨 있어 더 특별하다. 체험 동기를 쓸 때 거창한 이유를 쓸 필요는 없다. 체험의 동기도 학습과 맞닿아야 한다는 부담감은 아이들의 솔직한 접근을 막는다. 박물관이나 궁에 가면 '우리나라 역사가 궁금해서', 미술관에 가면 '아름다운 예술가들의 작품을 보고 싶어서', 과학 체험관에 가면 '신비로운 우주에 대해 더 알고 싶어서' 등의 체험 동기는 오히려 틀에 박힌 결론만을 반복할 뿐이다. '한 번도 가 본 적이 없어서', '우리나라에도 궁궐이 있었다는 것이 신기해서', '나도 그림을 잘 그리고 싶은데, 화가들은 어떻게 그리는지 보고 싶어서', '엄마 아빠가 가자고 해서' 등 아이들에게는 그들 나름의 이유가 있다. 굳이 학습적인 동기에 끼워 맞출 필요는 없다.

내가 가 본 경복궁이 어떤 곳인지, 옛날에는 어떤 모습이었고 현재는 어떤 모습인지 비교하며 설명하는 개괄을 첨가한 것도 보고서의 짜임새를 더 좋게 한다. 보고서는 단순히 자기만 보기 위해서 작성하는 것이 아니다. 관중이 있고 독자가 있다. 따라서 주제가 되는 대상에 대해

대략적으로 설명하는 부분은 경복궁에 대해서 잘 모르는 사람들을 배려하는 것이다. 제목인 '경복궁을 소개합니다'에서도 이 보고서가 친구들에게 들려주는 이야기라는 점을 동희 스스로 잘 이해하고 있음을 알 수 있다. 조선 시대와 현재에 경복궁의 모습이 다르다는 점에 '왜?'라는 의문을 제시한 후, 경복궁의 슬픈 역사를 설명하는 부분도 사람들의 이해를 돕기에 충분하다. 경복궁의 과거와 현재의 모습이 어떻게 다른가에 대해 제시한 후라서 더 효과적이다.

동희에게 경복궁은 멋진 곳이었다. 경복궁의 수호신도 멋지고, 넓고 큰 궁궐도 동희의 마음에 쏙 들었다. 그래서 이 멋진 곳이 과거와는 달리 많이 훼손되었다는 점, 이토록 슬픈 역사가 있다는 사실에 짜증이 났고, 다시는 당하고 싶지 않다고 생각한 마음이 더욱 이해가 간다. 체험 소감이 대단히 교육적인 결말을 가질 필요는 없다. 실망스러웠다거나 어떤 부분은 마음에 들지 않았다는 등의 부정적인 소감도 좋다. 그런데 아이들이 쓰는 체험 소감을 살펴보면, '어떤 점을 알게 되었다'거나 '무엇이 재미있었다' 등 체험의 긍정적인 면이나 학습적인 효과를 강조한다. 체험에서 무엇인가 배워야 한다는 부담을 가지고 있는 것처럼 보일 정도다. 누차 강조하지만, 중요한 것은 이야기다. 이야기에는 개연성이 필요하다. 따라서 체험의 동기와 내용이 연결성을 지니고 있는가, 그 연결성은 아이가 다른 사람들에게 전달하고 싶은 솔직한 이야기에서 비롯하고 있는 것인가를 더욱 강조해야 한다.

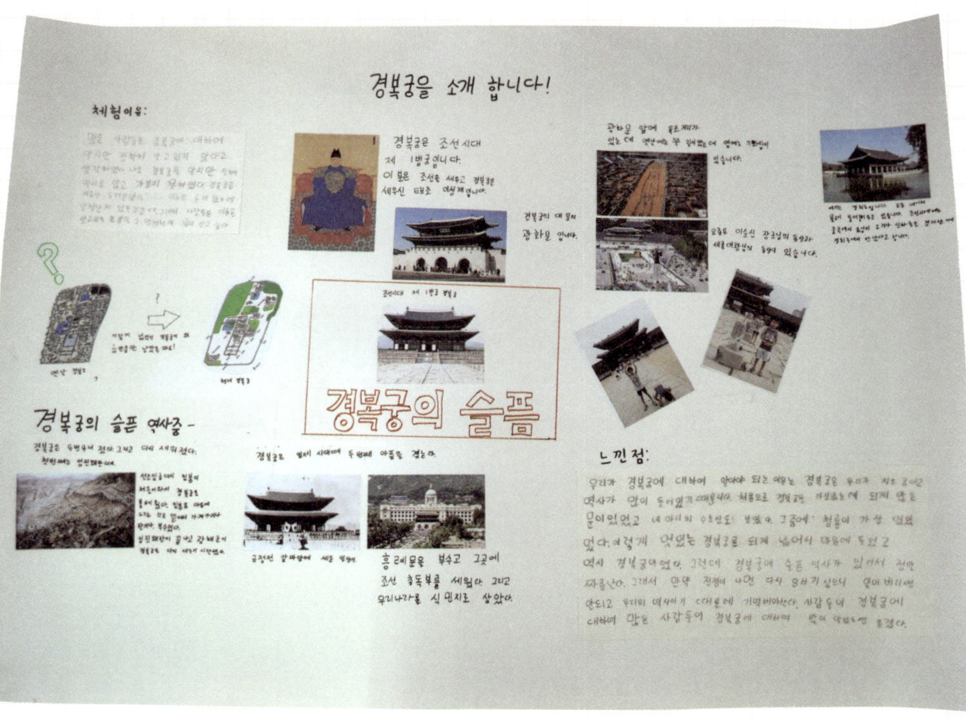

동희가 친구들에게 경복궁을 소개하고 싶다는 의도로 쓴 두 번째 보고서

얼마 전, 아홉 살 아들과 함께 프랑스 여행을 다녀온 학부모로부터 여행담을 들었다. 아들에게 더 큰 세상을 보여 주고 싶은 부모 마음에 무리하게 계획한 해외 여행이었다고 했다. 여러 궁전과 성당들을 비롯해서 박물관과 미술관까지, 하나라도 더 많이 보고 경험할 수 있도록 일정도 알차게 준비했다. 열흘가량의 빡빡한 여행을 마치고 돌아와 엄마는 아이에게 이번 여행에서 무엇이 제일 기억에 남느냐고 물었다. 새로운 경험을 많이 했으니 뭔가 남다른 대답을 할 것이라 기대한 엄마의 마음을 아는지 모르는지, 돌아온 아이의 대답은 예상 밖이었다. "공원에서 개미 잡았을 때가 제일 재미있었어요." 천진한 아들의 여행 후기에 엄마는 무척이나 허탈했다. 무려 프랑스까지 간 보람도 없이 개미가 제일 기억에 남는다니, 엄마로서는 어이가 없을 만하다. 하지만 프랑스의 역사와 예술에 대해 경험하기를 바랐던 엄마가 원하는 방식으로 경험하지 않았다고 해서, 아이가 정말로 아무것도 느끼지 못했던 것일까? 엄마가 아이의 시각에서 진짜 의미 있는 경험이 무엇인지 생각해 보지 않은 것은 아닐까? 아이가 공원에서 개미를 관찰한 경험은 아무 의미가 없는 것일까?

아이들은 매일 경험하고 체험한다. 아이들의 하루는 어른들의 하루와 다르다. 같은 장난감으로도 새로운 방법으로 다르게 놀 줄 알고, 매일 같은 길을 걸어도 늘 다른 이유로 멈추어 무엇인가를 찾아낸다. 소소한 일상 속에서도, 반복되는 시간 속에서도 새롭고 다양한 경험을 할 준비가 되어 있는 것이다. 다만 이를 흩어지지 않도록 잡아낼 힘이 부족할 뿐이다. 어쩌면 경험 그 자체보다 경험을 재구성하는 과정이 더 중요할지도 모르겠다.

아이를 위해 엄마가 그토록 잡고 싶어 하는 '새로운 경험'과 '다양한 경험'은 사실 어디에나 있고 언제든 가능하다. 한 번도 해 본 적 없는 체험이나 양적으로 많은 경험에 대한 부담을 버리고, 아이가 자신의 경험에 더욱 집중할 수 있도록 도와주어야 한다. 아이들에게 필요한 것은 '새로운 시각'과 '주관적인 해석'이다. 나만의 시각으로 대상을 바라보고, 온전히 나의 감각으로 느끼고, 나만의 방식으로 재해석할 수 있는 힘. 어려워 보이지만 아이들은 이미 그 씨앗을 모두 가지고 있다. 정답을 지우고 일상적인 것도 비틀어 보는 경험, 아이들 스스로 자기 언어로 계속해서 표현해 보는 경험, 그리고 엄마의 끊임없는 관심과 질문만 있으면 싹을 틔울 수 있다.

거창하고 대단한 능력처럼 보이는 창의력도 사실은 아이들 모두가 품고 있는 작은 씨앗이다. 아이들이 보고 듣고 느끼고 배우는 모든 경험은 씨앗에서 싹을 틔우는 빛이 되고 물이 되고 양분이 된다. 나는 아이들이 자신의 싹을 틔우는 빛과 물과 양분을 쉽게 흘려 보내지 않도록, 작은 두 손으로 움켜잡을 수 있도록 힘을 보태 주고 싶다.

YEARLY PLAN

3 MARCH

그림일기 쓰기

그림일기는 소소한
일상도 확장할 수 있는
힘을 길러 줍니다.

4 APRIL / 5 MAY

과학상상화와 발명품 대회

과학상상화와
발명품 대회는
열린 상상의 힘을
길러 줍니다.

6 JUNE

주제 그림 그리기

주제 그림 그리기는
같은 주제 앞에서도
다르게 표현할 수 있는
힘을 길러 줍니다.

7 JULY / 8 AUGUST

여름방학 체험학습 보고서 쓰기

체험학습 보고서는
창의적인 경험을
가능하게 합니다.

9 SEPTEMBER

독서 감상문 쓰기

독서 감상문은
'나'를 중심으로
책을 읽을 수 있도록
도와줍니다.

10 OCTOBER

독서 감상화 그리기

독서 감상화는
책을 새롭게 발견하는
과정입니다.

11 NOVEMBER / 12 DECEMBER

엄마가 할 수 있는 선행학습

아이의 과제가
적은 틈을 타, 엄마도
공부할 시간을
가져 봅시다.

1 JANUARY / 2 FEBRUARY

아이와 함께하는 시간

학교 과제로 아이와
함께 직접 수업을
만들어 나갈 수
있습니다.

9월

독서 감상문 쓰기

텍스트의 재발견 1

Mom's Talk

"우리 아들은 내년이면 벌써 초등학교 4학년이에요. 곧 고학년이 되는데, 책은 제대로 읽는지…… 독서 습관을 좀 잡아 주고 싶은데, 제가 직장을 다녀서 아이와 책 한 권 읽을 시간도 없네요."

"우리 애는 만화로 된 책만 읽어요. 그래도 책을 안 읽는 것보단 나아서 아직은 그냥 두고 있는데, 괜찮은지 모르겠어요."

"독서도 중요한데, 요즘은 독후 활동도 중요하다면서요? 감상문 쓰기나 감상화 그리기 같은 것도 많은가 봐요. 첫 애라 독후 활동을 어떻게 해 줘야 할지 모르겠어요. 우리 때는 이렇게까지 안 했던 것 같은데……"

"딸이 독서 학원에 다니는데 우리 아이 수준보다 너무 높아서 책 읽는 걸 아주 싫어해요. 제가 봐도 좀 어려운 것 같아서, 그냥 계속 보내야 할지 말아야 할지 고민이에요. 다른 친구들은 다 잘 따라가는 것 같은데 우리 애만 어려워하는 건지 잘 모르겠어요. 책을 안 읽게 할 수는 없어서 스트레스 받으면서도 다니고 있는데 어떻게 하죠?"

"우리 애도 책 읽는 건 좋아하는데, 독후 활동은 무척 싫어해요. 독서록을 쓰라고 하면 어찌나 쓰기 싫어하는지…… 독서 감상문도 항상 줄거리만 줄줄이 쓰고 말이에요. 자기 생각을 써야 한다고 잔소리를 해도 뭘 어떻게 써야 되는지 모르는 것 같아요."

학교에서 시시때때로 내 주는 독서 관련 과제는 아이가 제대로 책을 읽고 있는지를 점검해 볼 수 있는 좋은 계기가 된다. 그런데 매번 나오는 과제이니만큼 나올 때마다 신경 쓰기가 무척 번거롭다. 좀 신경을 쓴다 해도 당장 눈앞의 과제를 해결하기에 급급해 분량만 채운다면, 그 내용을 눈여겨보지 못할 수도 있다. 그러나 내 아이가 진짜 독서를 하기 원한다면, 그리고 독서를 통해 아이가 스스로 생각할 수 있는 힘을 키우기 원한다면, 아이의 독후 활동을 유심히 관찰할 필요가 있다.

독서록은 모든 초등학교 아이들이 공통적으로 쓰는 것이다. 학교마다 양식과 분량, 기록 주기가 다르기는 하지만, 학기 중이든 방학 중이든 독서록 숙제를 꾸준하게 요구한다. 주기적으로 책을 읽고 작성해야 하는 독서록을 통해 아이가 자신의 독서 습관을 잡을 수 있으면 좋으련만, 글을 쓸 때마다 머리를 쥐어짜는 아이를 보면 엄마는 답답하다. "뭘 써야 돼요?"라고 묻기라도 하면, 눈꼬리가 저절로 치켜 올라간다. 책을 제대로 읽었는지, 제대로 읽었는데 무엇을 써야 할지를 모르는 것이 말이나 되나 싶어 한숨이 나온다. 독서록보다 더 많은 분량을 요구하는 독서 감상문 앞에서 아이는 더 작아진다. 책을 읽기는 한 모양인데, 왜 감상문 앞에만 서면 이렇게 속수무책이 되는지 정말 알 수가 없다.

아이가 독서록이든 독서 감상문이든 어렵지 않게 쓰는 경우에도 엄마의 걱정은 계속된다. 책도 스스로 읽고 독서 과제들도 별 어려움 없이 해내는 아이가 기특하면서도, 아이의 글 앞에서는 답답함이 앞선다. 아이들은 대부분 독서 과제를 할 때 줄거리를 쓰는 데 급급하다. 구구절절 줄거리를 늘어놓고, 마지막 한두 줄로 자신의 감상을 정리한다. 그마저도 "참 재미있었다", "나도 주인공처럼 ~해야 되겠다" 등 뻔하디 뻔한 감상이다. 이런 것이 내 아이의 감상이라고 할 수 있을지 의문이다. 자신 있게 쓴 줄거리에 비해 한참 빈약한 감상은, 그 책을 읽지 않았어도 누구나 쓸 수 있을 정도로 평범하다.

아이가 책 읽기를 싫어하는 것은 엄마에게 큰 걱정이다. 억지로 읽든 좋아해서 읽든, 책을 읽기만 하면 한시름 놓을 수 있을 것만 같다. 하지만 아이가 책을 읽기 시작한다 해도, 독후 활동의 내용을 보면 여전히 더 큰 문제가 남아 있음을 깨닫는다. 책을 읽으며, 그리고 읽고 나서 스스로 느끼고 생각하는 힘, 생각을 확장하는 힘, 진짜 독서의 힘을 키울 수 있는 방법은 없을까?

책이름	개미와 배짱이
글쓴이	
읽은날	2013. 5. 19

오늘 읽은 책의 내용으로 독서 일기를 써 보세요.

2013 년 5 월 19일 · 일 요일 날씨: ☀ ☁ ☂ ⛄

제목: 개미 와 배짱이

나는 개미와 배짱이 가 져머 다른 부분이 재미있다
개미 는부지런 한데 배짱이 는 게으르다.
그래서 배짱이가 개미 집으로 가서 도움을 청한다.
그래서나는 개미 처럼 살고싶다.

♥ 읽은 책의 내용을 자세하게 썼나요?   ◎ ○ △

베테랑
엄마에게
물어보세요

Q 우리 아이는 책 읽기를 너무 싫어합니다. 좋은 책을 많이 읽었으면 좋겠는데 항상 만화책만 읽어요. 이대로 괜찮을까요?

'만화책만' 읽는 습관은 절대로 괜찮지 않습니다. 사실 아이들이 책 읽기를 싫어하는 이유는 단 하나, '책=학습'이라는 고정 관념 때문입니다. 이러한 고정 관념이 왜 생겼는지, 부모 스스로 진단해 볼 필요가 있습니다. 예를 들어, 아이의 한글 교육 과정에서 지나치게 문법이나 맞춤법 교육에만 엄격하지는 않았는지, 수준에 맞지 않는 어려운 책부터 무작정 권하지는 않았는지 반성해야 합니다. 아이가 책 읽기를 싫어한다면, 책만 사 줄 것이 아니라 책과 좀 더 가까워질 수 있도록 부모가 아이와 많은 노력을 함께해 나가야 합니다. 책이라는 물건과 친해질 수 있도록 책을 이용한

다양한 놀이를 해 보는 것도 하나의 방법입니다. 책 쌓기, 책으로 집 만들기 등 말 그대로 책을 가지고 노는 것이죠. 읽지는 않아도 늘 책을 만지고 책에 둘러싸여 있다 보면 자연스럽게 거부감도 사라지게 되니까요. 책을 함께 읽는 시간을 가지거나, 읽은 책에 대해서 오랫동안 대화를 나눠 보는 것도 좋은 방법이 될 것입니다.

사실 어렸을 때 만화책을 즐겨 보는 것이 나쁘지만은 않습니다. 부모들도 어렸을 때 친구들과 만화책을 돌려 보거나 부모님 몰래 읽은 경험이 있을 것입니다. 만화책과의 시간은 세월이 흘러도 좋은 추억으로 남아 있죠. 만화책도 아이에게 충분히 좋은 자극이 될 수 있습니다. 하지만 요즘 아이들이 보는 만화들은 대부분 학습 만화입니다. 이러한 학습 만화들을 자세히 들여다보면, 더 많은 정보를 전달하기 위한 자극적인 표현이 난무합니다. 서사의 깊이나 메시지는 찾아볼 수가 없죠. 그림의 완성도도 떨어집니다. 이야기와 그림 모두 오로지 정보를 전달하기 위한 수단일 뿐이니까요. 좋은 만화책에는 그만의 메시지와 이야기가 분명 존재합니다. 그림은 말할 것도 없죠. 좋은 그림, 개성 있는 그림은 만화가의 자부심이니까요. 문제는 만화책만 읽는 것이 아닙니다. 이야기는 없고 자극적인 표현으로 정보만 전달하는 학습 만화에만 길들여지는 것이 더 큰 문제이지요. 아이가 그저 학습 만화라도 읽으면 다행이라는 심정으로 방치하다가는 더욱더 책과 멀어지게 될 것입니다.

Q 우리 아이는 독서 감상문에 책의 줄거리만 쓰기 바빠요. 느낀 점은 겨우 한두 줄만 쓰고요. 감상문 쓸 때는 느낀 점이 더 중요한 것 아닌가요?

지금 아이는 독서록 혹은 독서 감상문의 목적에 대한 이해가 부족할 수 있습니다. 학교에서 수행하는 독서 교육은 대체로 '읽기' 자체에 집중합니다. 읽을 수 있는 능력 그 자체를 키우는 것부터 시작하는 것이죠. 그래서 독서록 양식에도 줄거리 정리, 인상 깊었던 장면 설명하기, 사건의 인과 관계 등을 적는 항목이 포함된 경우가 많습니다. 또한 학교에서 시행하는 독서 퀴즈 대회에서도 해당하는 책의 단편적인 정보만을 질문합니다. 책의 줄거리를 정확하게 파악했는지, 책을 꼼꼼히 읽고 그 속의 정보에 관해 제대로 읽었는가를 중점적으로 관리하는 것이죠. 물론 읽기 능력을 향상시키는 것은 독서 활동의 토대가 됩니다. 그런데 책의 줄거리와 정보를 파악하는 훈련의 강도는 높은 반면, 스스로 책의 주체가 되어 생각을 확장시킬 수 있는 과정은 적은 편이에요. 그래서 독서록이나 독서 감상문을 이용하여 느낀 점 쓰기, 즉 감상 표현을 스스로 할 수 있도록 유도하고 있죠. 말하자면 읽기 교육은 모두 동등하게 받을 수 있지만, '감상'은 자기 수행 과제로 남겨 두는 셈입니다. 그런데 문제는, 읽기 훈련에만 익숙한 아이들에게 '느낀 점을 쓰라'는 과제는 너무 어렵습니다. 아이들은 감상이 무엇인지 잘 알지 못합니다. 감상을 표현해 본 경험도 부족하고요. 그래서 독서록이나 감상문에 줄거리만 나열하게 되는 것이

죠. 자기의 감상과 생각을 밝히기 위해 책의 필요한 내용을 설명하는 것
이 아니라, 책의 내용을 설명하고 이 내용을 확인하기 위해 형식적인 감
상을 곁들이게 되는 것입니다.

Q 우리 아이는 독서록이나 감상문에 쓰는 '느낀 점'이 항상 비슷해요.
늘 '재미있었다'는 형식적인 표현만 써서 걱정이에요.

아이에게 주관적 독해의 경험이 부족할 수 있습니다. 아이들에게 '책'은
어른들이 생각하는 것보다 훨씬 더 큰 권위를 가집니다. 아이들은 책에
있는 내용은 진리이며, 결코 틀릴 리가 없다고 믿어요. 책이 가르치는 대
로 보고 생각해야 한다고 믿는 것입니다. 책의 내용을 바꾸거나 작가와
다른 방향으로 생각하는 일, 혹은 작가의 생각을 비판하는 것은 아이들
에게 책의 권위를 깨뜨리는 일입니다. 그래서 어지간해서는 책에 도전장
을 내밀지 않죠. 아이들과 문학 수업을 하다 보면, 아이들이 느끼는 책
의 권위가 얼마나 강력한지 새삼 깨닫는 경우가 많습니다. 작가가 긍정
적으로 서술하는 인물이나 상황에 대해 선생님이 부정적인 질문을 던지
거나 비판을 해도 아이들은 쉽게 생각을 열지 않아요. 비판 자체를 부정
적으로 생각하거나, 비판의 내용에 약간은 공감하더라도 '그래도 어떻
게 그래요?' 정도의 무력한 반응을 보이기 일쑤입니다. '내'가 책을 읽어
야 하는데 책이 나를 끌고 가는 격이죠. 독서의 주체는 '나'여야 합니다.

하지만 우리 아이들은 '책'을 중심으로 읽는 활동에 익숙해요. 그래서 주관적으로 책의 메시지를 해석할 수 있고, 이 메시지에 관해 공감할 수도 있고 비판할 수도 있음을 아이에게 인식시켜 주는 것 자체가 쉽지 않습니다. 그렇기 때문에 '내가 작가라면?', '내가 주인공이라면?', '내가 등장인물이 처한 상황에 있다면?' 등의 질문을 아이 스스로 자연스럽게 하기가 어렵죠.

독서 감상문으로
우리 아이의 능력을
키울 수 있을까?

'독서'의 중요성은 아무리 강조해도 지나치지 않다. 책을 즐겨 읽는 습관이, 좋은 책 한 권 한 권이 얼마나 큰 힘을 가지는지 우리는 아주 잘 알고 있다. 독서는 다양한 지식을 폭넓게 취할 수 있는 가장 오래되고 효과적인 방법인 동시에 스스로 생각할 수 있는 힘을 기를 수 있게 하는 수단이다. 책을 읽으며 행간의 여백에 나를 맡기고 자유로운 상상력을 펼칠 수도 있고, 때로는 잊고 있었던 자신을 돌이켜볼 수도 있다. 우리 아이들이 책을 읽어야 하는 이유에 대해 여기에서 구구절절 설명할 필요가 있을까? 이는 엄마들이 더 잘 알고 있다. 독서는 힘이다.

많은 부모들이 '우리 아이가 책을 많이 읽었으면……'이라는 바람을 가진다. 아이가 책을 많이 읽으면, 참으로 뿌듯하고 대견스러울 수밖에 없다. 그리고 실제로 자랑스러워할 만한 독서량을 뽐내는 '책벌레'

학생들도 많다. 하지만 "무슨 내용이니?"라고 물으면 거침없이 이야기하는 아이도 "이 책을 읽고 나서 어떤 생각이 들었어?", "이 장면을 읽을 때에는 어떤 기분이 들었니?", "이 장면에서 주인공은 기분이 어땠을까? 너도 생활 속에서 무엇인가를 할 때 그런 기분이 드니?"라고 물어보면 "재미있었어요", "슬퍼요", "웃겨요", "잘 모르겠어요" 등 단편적인 대답만 하기 일쑤다.

독서 감상문만 잘 활용해도 훌륭한 독서 교육을 할 수 있다. 줄거리만 줄줄 읊어대는 가짜 독서가 아닌, 진짜 독서 말이다. 학습을 위한 도구가 아니라 평생의 친구가 되어 줄 책을 읽는 방법은 어떻게 찾아야 할까? 우리 엄마들이 원하는 좋은 독서 교육은 무엇을 목표로 해야 할까?

독서 감상문은 '나'를 중심으로 책을 읽을 수 있도록 도와준다.

- 문맥을 파악할 수 있는 능력을 기를 수 있다.
- 공감 능력이 커지고, 다양한 각도로 문제 제기를 할 수 있게 된다.
- 글쓰기에 구체성이 생긴다.

아이들과 문학 수업을 진행하다 보면, 책을 열심히 읽었음에도 '무슨 말인지 모르겠다'며 답답해 하는 경우를 만난다. 분명 책의 내용 자체를 이해하지 못하는 것은 아닌데, 그 의도나 주제를 파악하지 못하겠다는 것이다. 특정한 결말이나 인물의 반응을 이해하지 못하는 경우도 많다. 작가의 의도가 아주 뚜렷하게 파악되는 글 앞에서는 자신 있게 반응하던 아이들이 그것이 조금만 은유적으로 표현되어 있거나 숨겨져 있어도 어려워한다. 이런 현상은 텍스트를 곧이곧대로 받아들이는 학습에 익숙해져 있는 아이들의 경우에 더욱 심하게 나타난다.

"늑대들은 대장의 눈을 바로 쳐다보지 못했다"는 문장을 예로 들어 보자. 우리는 이 짧은 한 문장에서도 늑대들이 대장의 눈을 바로 쳐다보지 못한 이유가 무엇인지, 대장 앞에 선 늑대들의 감정은 어떤 것인지, 대장과 늑대들과의 관계는 어떻게 변화했는지 등의 숨은 의미를 의심하고 예측하고 해석할 수 있다. 하지만 아이들은 텍스트 안에 문자로 표현되지 않은 의미가 숨겨져 있을 수 있다는 생각까지 미치지 못하는 경우가 많다. 특히 줄거리 파악에만 급급하다 보면, 이러한 숨은 의미를 파악하는 힘, 즉 문맥을 읽는 능력을 기를 수 없게 된다. 일례로, 논술 시험을 준비하는 수험생들은 『논술 필독 100선』 등과 같은 참고서를 보며 출제 빈도가 높은 텍스트의 주제와 논지를 달달 암기한다. 하지만 막상 시험장에서는 본인이 처음 보는 주제의 텍스트를 만나게 될 확률이 높다. 그렇다면, 문맥을 파악하는 능력이 있어야 처음 보는 텍스트의 논지와 서술 의도도 정확하게 파악할 수 있을 것이다. 하지만 『논술 필독 100선』 같은 책을 읽었어도 해석된 정답만을 암기했다면, 새로운 텍스트에 대한 적응력을 기대하기란 어렵다. 무작정 많은 독서량만 강조할 일이 아니다. 문맥을 파악하며 읽는 한 권의 독서 교육이 훨씬 절실하다.

독서 감상문은 책의 줄거리를 얼마나 정확히 이해했는가를 채점하기 위한 과제가 아니다. 따라서 독서 감상문을 통해 책 속에 숨어 있는 수많은 질문들을 찬찬히 일깨워 주고, 그에 대한 다양한 해답을 스스로 찾는 과정을 진행한다면 텍스트의 문맥을 자신의 관점으로 해석할 수 있는 힘이 길러질 것이다. 문맥을 읽을 수 있는 능력만 있다면, 어떤 텍스트 앞에서도 당당할 수 있다.

독서 감상문은 공감 능력을 키우는 데에도 효과적이다. 책을 읽는 시간에는 이야기에만 치중한다면, 감상문을 통해서 다시 한 번 이야기를 곱씹어 볼 수 있다. 감상문을 통해 책 속의 주인공, 상황과 사건 등에 대해 '나라면?'이라는 질문을 던지고 고민할 수 있다면 아이의 공감 능력은 크게 향상될 것이다. 그뿐만 아니라 책의 내용을 곧이곧대로 받아들이는 수동적인 자세에서도 벗어날 수 있다. '내가 주인공이라면?' 혹은 '내가 작가라면?' 등과 같은 질문을 안고 감상문을 쓰다 보면, 자연스럽게 작가의 주제를 비판하거나 반박하는 경험도 할 수 있다. 책의 권위에 쉽게 도전하지 못하는 아이였다면, 그 효과는 훨씬 더 클 것이다. 책의 권위에 도전할 수 있게 되면, 다양한 관점으로 문제 제기를 할 수 있는 비판적인 시각도 자란다. 일방적으로 수용하는 독서가 아니라 능동적으로 해석하고 문제를 제기하는 독서를 할 수 있게 되는 것이다.

감상문을 통해 '나'의 관점에서 책을 곱씹고 재해석하면 글쓰기에 구체성이 생긴다. 수동적으로 내용을 받아들이기만 했다면 감상은 그저 '재미있었다'로 끝날 것이다. 하지만 깊이 공감하고 적극적으로 비판하고 반박하는 독서를 하고 나면, 아이 스스로 하고 싶은 말이 많아진다. 예를 들어, 톨스토이의 『바보 이반』을 읽었다고 해 보자. 이반에 대한 작가의 시각을 그대로 수용한다면, "이반은 착하다. 나도 이반처럼 착하게 살아야겠다" 정도의 감상으로 끝날 것이다. 하지만 내가 이반이 되어 책 속의 다양한 상황에 공감하다 보면, 아이는 어느덧 수많은 감정에 사로잡히고 만다. "이반처럼 살 수는 없다"거나 "웃고만 있지만, 이반의 마음은 너무 아팠을 것이다" 등 주인공 이반과 그의 삶에 대한 다양한 재해석이 가능해진다. 아이들이 독서 감상문에서 느낀 점을 제대로 쓰지 못하는 이유는 제대로 공감하지 못했기 때문이다. 책 속에 충분히 젖어들지 못했기 때문이다. 책이 중심이 되는 독서를 통해 읽은 이야기는 그저 남의 이야기일 수밖에 없다. 하지만 독서 감상문은 아이가 중심이 될 수 있는 시간을 만들어 준다. 독서를 하는 과정에서 아이 스스로의 역할이 커질 수 있도록 이끌어 주는 것이다. 그렇기 때문에 독서 감상문을 남의 이야기가 아니라 나의 이야기를 쓸 수 있는 기회라고 생각할 수만 있다면, 구체적인 글쓰기는 자연스럽게 이루어질 것이다.

09
SEPTEMBER

독서 감상문
단계별 훈련법!

STEP 1 · 책의 권위를 무너뜨리는 질문을 던진다.

"『바보 이반』을 읽고 어떤 생각이
들었니?"

톨스토이의 『바보 이반』을 읽은
아이들에게 감상을 물었다.

아이들은 모두 '착하다'와 '나쁘
다'로 양분해서 결론을 내리는 모
습이었다. 우리네 전래 동화의 권선징악적인 주제에 너무나 익숙해

이반은 착해요. 이반처럼 착하게 살아야 해요

이반은 착해요. 이반처럼 착하게 살아야 해요.

이반이 부지런하게 열하는 것처럼 우리도 공부를
열심히 해야 돼요

이반의 형들은 너무 나빠요. 그래서 망했어요.

서일까? 『바보 이반』에서 드러나는 톨스토이의 표현이 너무도 단호해서일까? 아이들이 스스로 이반은 착하고 이반의 형들은 나쁘다는 결론을 내린 구체적인 이유를 설명할 수 있을지가 궁금했다. 아이들은 무엇을 착하고 무엇을 나쁘다고 이야기하고 있는 것일까?

"모두들 이반은 착하고 이반의 형들은 나쁘다고 생각했니? 이반은 왜 착한 사람이라고 생각했어? 이반의 형들은 무엇 때문에 나쁜 사람이니?"

나의 질문에 아이들은 조금 당황하는 눈치였다. 아이들에게 착한 것은 당연히 착하고, 나쁜 것은 당연히 나쁜 것이다. 그 이유를 묻는 선생님의 질문이 조금 낯설었던 모양이다.

"왜냐하면, 이반은 일을 열심히 하고, 자기 것을 형들에게 나눠 주니까요."
"맞아요. 형들은 이반의 것을 빼앗아 가요."
"형들은 왕이 되었을 때, 다른 사람들을 못살게 굴었어요."

아이들은 나름의 이유를 열심히 생각해서 설명했다. 하지만 그 대답이 너무 포괄적이어서 작가가 무엇을 긍정적으로 생각하고 무엇을 비판하고 있는지에 대해 구체적으로 인식하지 못한 것 같은 느

낌이 들었다. 그래서 이반은 착하고 형들은 나쁘다는 이분법적인
아이들의 생각에 도전하는 질문을 던졌다.

"남들보다 더 많이 가지고 싶은 마음을 나쁘다고만 할 수 있을까?
너희는 다른 친구들보다 뭔가 더 잘하고 싶고, 더 많이 갖고 싶고,
더 많이 먹고 싶었던 적 없었니? 동생이나 언니 오빠보다 내가 더
많이 갖고 싶어서 싸워 본 적 없었어?"
"나는 남들보다 일을 훨씬 잘해서 더 많은 곡식을 모을 수 있다면?
이반의 나라에 살더라도 더 많이 갖고 싶다는 생각을 하게 되지는
않을까?"

아이들은 하나같이 혼란스러운 표정을 지었다.

수많은 이야기들을 접해도 아이들이 그 이야기를 규정하는 방법은
매우 단순하다. 아이들은 이야기 속에서 가장 먼저 선과 악을 나눈다.
선과 악의 이분법이 이야기를 이해하는 가장 큰 기준인 것이다. 이것은
이야기뿐 아니라 세상을 이해하는 기준이기도 하다. 모든 인물과 상황
을 착한 사람과 나쁜 사람, 착한 마음과 나쁜 마음, 착한 행동과 나쁜 행
동으로 나누는 것이다. 그런데 무엇이 착하고 무엇이 나쁜지, 그 기준
을 스스로 세우는 경우는 거의 없다. 결론이 이끄는 대로, 혹은 작가가
의도한 대로 믿고 따르는 것이다.

이처럼 이분법적인 가치 판단이 포함된 책을 골라 이에 대하여 더 구체적으로 생각해 볼 수 있도록 유도하는 과정은 아이에게나 엄마에게나 매우 흥미로울 것이다. 예를 들어,『흥부와 놀부』같이 익숙한 이야기를 함께 읽고 주제에서 벗어난 접근을 시도해 보는 것이다. 이를테면, "흥부는 그렇게 가난한데도 왜 일을 하지 않고, 형에게 돈을 빌릴 생각만 했을까?", "놀부가 아무리 나쁜 사람이라도 놀부네 가족이 벌을 받는 장면을 보면서 우리가 웃어도 될까?", "우리 주변에 흥부같이 제비 다리를 고쳐 주어 부자가 된 사람이 있다면, 다른 사람들은 어떻게 생각하고 행동할까?" 등의 질문을 던져 보자. 이야기의 주제를 혼란에 빠뜨리는 다양한 질문들은 아이들이 책의 주제에 대하여 더욱 능동적으로 생각하도록 만들어 준다. 아무런 의심 없이 책의 내용을 받아들이는 것이 아니라, 그것을 의심하고 다른 각도로 생각하도록 이끌어 준다. 이는 책의 권위를 깨뜨리고 내가 주인공이 되는 독서를 가능하게 할 것이다.

STEP 2 · "책 속으로 들어가 보자!", 공감이 먼저다.

『바보 이반』에서 아이들이 구분한 선과 악의 세상에 대해 아이들은 실제로 공감하고 있을까?

"너희들은 모두 착한 이반의 나라에서 살고 싶겠네? 세몬과 따라스는 나쁜 왕이니까 말이야."

이반은 착한 사람, 세몬과 따라스는 나쁜 사람이라고 자신 있게 대답한 아이들에게 세 사람의 나라 중 어디에서 살고 싶은지 물었다. 당연히 이반의 나라에서 살고 싶다고 대답할 줄 알았던 아이들이 망설이는 모습을 보였다.

"세몬의 나라나 따라스의 나라에서 살기는 싫은데, 이반의 나라에서도 살기 싫어요."
"이반의 나라에서는 항상 일만 해야 되잖아요."
"따라스의 나라에서 따라스로 살면 안 돼요?"
"맞아요. 이반의 나라에서 살면 돈도 못 벌잖아요."

세몬의 나라나 따라스의 나라에서 살고 싶지는 않지만, 매일 일을 해야 하고 그렇게 일을 한다고 해서 부자가 될 수 있는 것도 아닌 이반의 나라에서도 살고 싶지 않다는 대답이었다. 처음에는 '이반은 착하고 형들은 나쁘니 이반처럼 욕심내지 않고 성실해야 한다'며 무조건 선을 추구한 아이들의 견고했던 이분법에 금이 가는 듯했다. 막상 자신들이 『바보 이반』의 세계에 들어간다고 생각하니 '착하다'와 '나쁘다'만으로는 판단할 수 없는 상황에 대해 자기도 모르게 생각하게 된 것이다. 책 속으로 들어가 그 안의 상황을 스스로 공감해 보는 과정을 좀 더 정교하게 생각해 보고 싶었다.

"그렇다면 너희들이 세몬의 나라, 따라스의 나라, 이반의 나라에 사는 사람 중 한 명이라고 상상해 볼까? 오늘 세몬, 따라스, 이반의 나라에서 사는 사람에게는 어떤 일이 벌어졌을까?"

주원(9세)

"아침이 되어 눈을 떴다. 나랑 친한 친구가 군인이 되었다. 나는 이제 하루하루가 너무 힘들다. 내 고양이도 세몬이 빼앗았다. 내 친구가 군인이 돼서 모든 것을 가져가니까 정말 춥고 슬프다. 내 친구는 깨끗하고 살이 하얀색이고 키도 커서 군인이 됐다. 나는 고양이가 무척 좋은데 세몬이 그 고양이가 좋아서 군인에게 시켜서 내가 아끼는 고양이를 가져갔다. 나는 겁에 질려 하는 수 없이 고양이를 내놨다. 그때 내 친구가 작은 소리로 '미안하다'고 말해서 슬펐다. 왜냐하면 세몬에게 잡혀가 군인이 된 게 너무 슬펐기 때문이다."

세몬의 나라에 사는 사람이 된 주원이는, 친구가 억지로 군대에 가서 세몬의 명령을 따라야 하는 상황을 상상했다. 막상 친구가 원치 않게 군인이 되었다고 상상하니 세몬이 시키는 대로 할 수밖에 없는 군인들이 안타까웠던 모양이다. 세몬이 원하는 대로 친구의 고양이를 빼앗는 군인이 작은 소리로 '미안하다'고 말하는 장면에서는, 세몬의 군인들이 느낄 수밖에 없는 슬픔과 절망감이 여실히 전달된다.

"나한테는 밭이 있다. 그런데 따라스가 밭에 있는 반을 가져갔다. 왜냐하면 세금이 다 떨어졌기 때문이다. 계속 농사를 지으면 따라스가 다 가져가니까 1년이 지나도 곡식이 나 있는 곡식이 한 개도 없어서 계속 굶어야 되겠다. 곡식을 주고 싶지 않지만 곡식을 줘야 한다. 집도 없으니 비가 오는 날에는 정말 추워 죽을 것 같다. 그런데 죽을 수 없다. 왜냐하면 세금을 더 많이 내야 하기 때문이다."

이번에는 따라스가 다스리는 나라에 살게 된 주원이가 세금을 낼 돈
이 부족해 밭도 빼앗기고, 1년 농사를 아무리 열심히 지어도 배를 쫄쫄
굶는다. 세금을 내고 또 내다 보니, 이제는 집도 없는 모양이다. 죽으면
장례세까지도 거두어 가는 따라스의 나라에서 사는 탓에 "죽을 수도 없
다"는 주원이의 마지막 탄식이 절절하다. 주원이는 이 글을 쓰며 진심
으로 속상해 했다.

세몬의 나라와 따라스의 나라를 거쳐 바보 이반의 나라 속으로 들어간 주원이의 상상은 또 한 번 놀라웠다. 바보 이반의 나라에서 스스로 일하며 먹고 살아가는 생활에 행복할 줄 알았던 주원이가 이번에는 이반과 왕비를 "정말 바보가 따로 없네!"라며 비웃는다. 사람들이 세금을 내는 것, 신하들이 왕 밑에서 일하는 것, 그리고 신하들에게 왕이 임금을 주는 것 자체가 나쁘지는 않다는 것이 주원이의 생각이다. 주원이 역시 『바보 이반』에 대한 첫 감상을 "이반은 착하고 다른 형들은 나쁘다"고 이야기한 아이였다. 하지만 이반의 나라에서 사는 사람의 입장을 상상해 보더니 "모든 사람이 꼭 일만 할 필요는 없지 않느냐?"고 의문을 제기하기 시작했다. 왕의 역할과 의무, 신하와 백성의 역할과 의무가 서로 다를 수 있다는 이야기였다. 주원이는 "이반이 착하기 때문에 옳다"는 맹목적인 결론에 사로잡히지 않았다. "이반은 착하다. 하지만 그가 옳지 않을 수도 있다"는 가능성을 발견하고 있었다.

STEP 3 · 공감을 토대로 오감으로 글을 써 보자.

"행복한 왕자가 동상이 되어서야 비로소 발견한 도시는 어떤 모습이었니?"

오스카 와일드Oscar Wilde의 『행복한 왕자』에는 19세기 영국의 현실이 고스란히 담겨 있다. 파티에서 입을 드레스에 대한 기대에 한껏 부푼 아름다운 소녀가 연인과 속삭이는 사이에도 재봉사는 아파 누워 있는 자신의 아이를 뒤로 한 채 여윈 손으로 파티복을 만든다. 재능 있는 젊은이도 굶주림 때문에 자신의 꿈을 펼치기 힘든가 하면, 어린 소녀도 부모의 사랑과 보호를 받지 못하고 거리에서 맨발로 성냥을 팔아야 한다. 살아생전 걱정 없이 즐거운 삶을 살았던 행복한 왕자가 죽은 후 동상이 되어서야 보게 되는 도시의 현실들은 이처럼 비참하다. 그런데 이러한 현실에 대한 깊은 이해와 공감이 없다면, 오스카 와일드가 진정으로 건지고자 했던 가치, 슬픔과 비참함 속에서도 빛나는 아름다움을 발견할 수 없다.

가난과 굶주림, 가혹한 현실의 비참함을 우리 아이들이 이해하기란 쉽지 않다. 하지만 차갑고 비극적인 현실을 바라보고 있는 행복한 왕자의 시선을 우리 아이들이 조금이라도 느낄 수 있기를 바랐다. 그래서 행복한 왕자의 눈에 비친 도시의 모습이 어떠했는지, 이에 대해 어떤 생각이 들었는지 아이들에게 질문했다.

"불쌍해요."

"슬퍼요."

"……"

'불쌍하다'와 '슬프다', 이 두 단어가 나오고 나니 교실 안은 조용해졌다. 더 이상 표현할 말이 생각나지 않는 듯했다.

아이들이 독서 감상문을 항상 상투적인 느낌으로 마무리한다며 걱정하는 부모들이 많다. 그림일기의 마무리가 항상 '참 재미있었다'였던 것처럼, 독서 감상문의 끝맺음도 비슷하기 쉽다. 그림일기의 경우, 경험의 한 부분에 집중하여 이를 구체적으로 확장시키는 과정을 거치는 것이 중요했다면, 독서 감상문의 경우에는 원 텍스트의 상황을 적극적으로 공감하고 주체적으로 이해하는 과정이 선행되어야 한다. 문장을 읽는 데 멈추지 않고 문맥을 읽어야 하는 것이다. 그리고 그 문맥을 자신의 시선으로, 자신의 언어로 풀어 내야 한다.

아이들에게는 '문맥을 읽는다'는 것이 정말 쉽지 않은 일이다. 인물의 외양과 행동에 대한 서술, 풍경에 대한 묘사 등 별 의미가 없어 보이는 작은 단서에도 작가의 시선이 녹아 있음을 이해하지 못하기 때문이다. 아이들은 줄거리를 이해하는 데에만 익숙해 사건의 전말과 서사의 흐름에만 집중한다. 그런데 진짜 독서를 위해서는 문맥을 읽어 내는 힘이 단연코 필요하다. 문맥을 파악하면 깊이 있는 독서가 가능하다. 한 권의 책을 통해서 보다 넓은 생각을 품을 수 있는 것이다.

"우리 모두 행복한 왕자의 눈을 잠시 빌려 볼까? 행복한 왕자는 지금 무엇을 보고 있니?"

행복한 왕자의 눈을 통해 도시의 현실을 보다 생생하게 느껴 보기로 했다. 행복한 왕자가 보석을 전해 준 세 명의 인물이 처한 상황에 대해 묘사한 부분을 모두 함께 다시 읽었다. 한 번은 아이들 스스로 눈으로 읽도록 하고, 한 번은 선생님이 읽어 주었다.

"이번엔 선생님이 읽어 줄게. 다들 눈을 감아 보자. 눈을 감고 머릿속으로 선생님이 읽어 주는 장면을 한번 그려 보는 거야. 우리는 모두 지금 행복한 왕자야. 행복한 왕자의 눈에는 무엇이 보일까? 행복한 왕자는 어떤 소리를 들을까? 무엇을 느낄까?"

아이들은 모두 눈을 감고 집중했다. 다들 배우라도 된 것처럼 감정에 취하는 모습이 무척 귀여웠다. 읽기를 마치고 눈을 떴을 때, 아이들은 쉽게 입을 열지 못했다. 한숨을 쉬는 아이도 있었다.
지금 이 느낌 그대로 아이들에게 해당 장면을 글로 묘사하도록 했다. 행복한 왕자의 눈에 보이는 것뿐만 아니라 들리는 소리, 피부에 느껴지는 감촉, 냄새까지 가능한 한 모든 감각을 총동원해서 쓸 것을 요구했다. 그리고 이를 그림으로 그려 보도록 했다. 아이들의 글과 그림은 실로 놀라웠다.

"제비야, 제비야, 작은 제비야, 도시 저 건너편의 어느 다락방에 젊은이 하나가 보이는구나. 그는 종이가 가득 쌓인 책상에 기대어 있단다. 옆에는 시든 제비꽃 한 다발이 컵에 꽂혀 있어. 곱슬거리는 갈색 머리에 석류처럼 붉은 입술, 꿈꾸는 듯한 커다란 눈망울을 가진 젊은이란다. 그는 연출가에게 넘겨 줄 희곡 하나를 쓰려고 하는데, 너무 추워서 쓸 수가 없나 봐. 벽난로에는 불기도 없고, 너무 오래 굶주려서 쓰러지려 하는구나."

―오스카 와일드, 『행복한 왕자』 중에서―

재민(10세)

　재민이는 그림부터 그리기 시작했다. 조금은 엉성해 보이지만 재민이의 그림에서 주목할 점은 원래 텍스트에서 제시하고 있는 사물들을 그대로 그리지 않고 재해석하고 있다는 점이다. 책에 나와 있는 물건들 대신 정체를 알 수 없는 벽이 그려져 있다. 재민이는 원래의 텍스트에는 없던 '벽'이라는 새로운 상징을 만들었다. 젊은이에게 필요한 것은 '불과 먹거리'에 지나지 않는다. 굶주린 배를 채울 고기와 온기를 위한 불을 향해 뻗는 손을 가로막는 상징적인 '벽'의 등장으로 젊은이의 비참한 현실이 그의 의지가 아님을, 그의 잘못이 아님을 느끼게 해 준다. 재민이의 묘사가 오스카 와일드의 묘사보다 훨씬 더 가혹하게 느껴진다. 벽에 가로막힌 손에는 식량과 온기 대신 시든 제비꽃이 들려 있다. 재민이는, 한때는 꿈꾸는 눈망울을 가진 젊은이처럼 보랏빛이었지만 지금은 시들어 버린 제비꽃에 비유해 젊은이의 마음을 묘사했다. 그저 의미 없이 넘길 수도 있는 오스카 와일드의 상징과 함의를 적극적으로 이해하고 자기 방식으로 확장시킨 모습이다. 정말 놀랍고도 아름다운 글이다.

정원이는 불과 먹거리가 필요하지만 그에게 있는 건는 시들' 있는 제비꽃 밖에
없다. 그의 손은 고기와 불을 향하고 있지만 벽이 그의 앞을 막아버린다.
결국 그의 손에 있는 것은 시들은 제비꽃이 담긴 꽃병이다. 제비꽃은
원래 보라색 이었지만 시간이 가면서 꽃은 시들어 버렸다. 정원이의 눈
에는 벽이 자신의 마음을 시들어 버리게 하는 벽 같다.

현서(12세)

　현서는 특이하게 글과 그림을 번갈아 가며 작업하는 모습을 보였다. 글부터 쓰기 시작하더니 잠시 후에 그림을 조금 그리고 나서 다시 글을 이어 가다가 또 그림으로 돌아가는 과정을 반복하며 동시에 완성해 나갔다. 마치 망치와 정을 들고 돌을 조각하는 석공처럼 글과 그림으로 자신의 생각을 다듬어 가는 모습이었다. 현서의 그림에는 유독 그림자가 눈에 띈다. 투박한 연필 선으로 그림 전체를 뒤덮은 것도 인상적이다. 현서의 그림을 장악하는 그림자는 젊은이의 침울함이다. 젊은이는 지금 시들어 버린 제비꽃과 불빛이 없는 벽난로와 같은 존재다. 전에는 활기가 넘쳤지만 지금은 시든 제비꽃과 꺼져 버린 벽난로처럼 행복을 잃었다. 그래서 방 안에는 분명 그가 있지만 '사람이 살지 않는 것 같다.' 그림 전체를 덮은 연필 선은 방 안에 자욱하게 깔려 있는 차디찬 기운이다. 현서는 '차디찬 기운'이라는 촉각을 시각적으로 표현하고자 노력하는 모습을 보였다. 원 텍스트에는 젊은이의 굶주림과 추위가 집중적으로 표현되어 있는 반면, 현서의 글과 그림에는 젊은이의 감정과 그를 둘러싼 공간의 정서가 강하게 표현되어 있다. 글과 그림이 서로를 비추고 보완해 가면서 현서만의 해석을 만들어 낸 것이다.

어느 한집에 종이 위에서 정신을 잃고 있는 남자가 있다. 그는
꿈에 작가며 희곡도 쓰고 있는데 돈이없기때문에,
춥고 굶주린탓에 정신을 잃었다 방안에 화분에 있는
제비꽃이 시든것은 마치 활기가 넘쳐받던 남자가
행복을 잃는것같다. 벽난로에 불빛이 없다. 그래서
침울하고 사람이 살지않는것같다. 방안의 느낌 자가 그를 더
침울하게 만둔다. 방은 지금 차디찬 기운으로 깔려있다.

　책 속에는 우리의 지평을 뛰어넘는 세계가 담겨 있다. 우리는 책을 통해서 우리가 결코 경험할 수 없는 수많은 사건과 상황, 인물들을 만날 수 있다. 하지만 만약 책을 나와는 상관없는 낯선 나라로만 받아들인다면, 그것은 공허한 메아리로 사라져 버릴 것이다. 책에 담긴 세계가 나의 이야기가 되어야만 더 깊이 공감할 수 있고 더 적극적으로 활용할 수 있다. 독서 감상문의 지향은 '나'를 중심으로 책을 읽는 능동적인 독서 습관에 있다. 능동적인 독서는 『바보 이반』의 숨은 아픔도 이해할 수 있게 하며, 『행복한 왕자』에 나오는 굶주린 젊은이의 감정도 느낄 수 있게 한다. 아이들은 능동적인 독서를 통해서 무한한 책 속의 세상과 만났고, 구태의연한 주제에도 새롭게 접근하는 모습을 보여 주었다. 주어진 텍스트를 곧이곧대로 수용하기보다는 재해석하고 재발견해 새롭게 창조했다. '나'의 해석, '나'의 시선, '나'의 감정에 온전히 집중하여 책과 만나는 과정, 이것은 곧 아이의 창의적인 생각을 더욱 풍성하게 해 줄 것이다.

YEARLY PLAN

3
MARCH

그림일기 쓰기

그림일기는 소소한
일상도 확장할 수 있는
힘을 길러 줍니다.

4 / 5
APRIL / MAY

과학상상화와 발명품 대회

과학상상화와
발명품 대회는
열린 상상의 힘을
길러 줍니다.

6
JUNE

주제 그림 그리기

주제 그림 그리기는
같은 주제 앞에서도
다르게 표현할 수 있는
힘을 길러 줍니다.

7 / 8
JULY / AUGUST

**여름방학 체험학습
보고서 쓰기**

체험학습 보고서는
창의적인 경험을
가능하게 합니다.

9
SEPTEMBER

독서 감상문 쓰기

독서 감상문은
'나'를 중심으로
책을 읽을 수 있도록
도와줍니다.

10
OCTOBER

독서 감상화 그리기

독서 감상화는
책을 새롭게 발견하는
과정입니다.

11 / 12
NOVEMBER / DECEMBER

엄마가 할 수 있는 선행학습

아이의 과제가
적은 틈을 타, 엄마도
공부할 시간을
가져 봅시다.

1 / 2
JANUARY / FEBRUARY

아이와 함께하는 시간

학교 과제로 아이와
함께 직접 수업을
만들어 나갈 수
있습니다.

10월

독서 감상화 그리기

텍스트의 재발견 2

"독서 감상화를 그려야 하는데 아이가 자꾸 뭘 그려야 하냐고 물어봐요. 마음 대로 그리라고 해도 고민만 하고 그리질 못하네요."

"우리 딸이 웬일인지 이번 독서 감상화 그리기 대회에서는 꼭 상을 타겠다며 집에서 열심히 연습을 하더라고요. 다 그렸다고 가져왔는데, 주인공만 떡하 니 그려 놓은 거 있죠? 배경은 썰렁하고…… 이래도 되나요?"

"독서 감상화 그리기 연습할 때 엄마가 얼마나 도와주세요? 다른 아이들은 스케치 정도는 다 외워 오나 봐요. 엄마가 그려 주고 외우도록 하기도 하나 요?"

"독서 감상화 그리기 대회에서 어떻게 하면 상을 탈 수 있나요? 딸이 그림 을 너무 좋아하는데 이번 대회에서 상을 타면 좋을 것 같아서요. 제가 뭘 어 떻게 준비시켜야 할지…… 인터넷에 올라와 있는 수상작을 보고 연습해도 될까요?"

"우리 아들은 독서 감상화 그리기 연습을 하기 싫다며 그냥 책 표지에 그려 진 그림만 따라 그리네요."

책으로 만난 세상을 자신의 감각으로 표현할 수 있는 능력은 대단히 놀라운 것이다. 아이가 이러한 능력을 키울 수 있는 가장 손쉬운 방법 중하나가 바로 그림이다. 같은 경험을 하고 똑같은 텍스트를 읽어도 아이들은 저마다 다른 해석과 표현을 보여 줄 수 있다. 아니, 해석과 표현이 아이들마다 다 달라야 한다. 그런데 아이가 자기만의 해석과 표현을 가진다는 것이 말처럼 쉽지 않다는 사실을 우리는 앞서 여러 차례 확인해 왔다.

독서 감상화 역시 마찬가지다. '참 재미있었다'라는 그림일기나 독서 감상문의 '영혼 없는' 결론은 독서 감상화에서도 고스란히 드러난다. 책의 줄거리를 길게 늘어놓는 감상문같이 책의 내용만을 전달하기 바쁜 독서 감상화, 그 안에는 어떤 '감상'도 들어 있지 않다. "동화책 삽화 같으면 어때? 잘만 그리면 되지!"라고 마음 편하게 생각할 수도 있다. 하지만 자신의 감상을 시각적으로 그려 나가는 과정이 책에 대한 아이의 공감과 이해를 더 깊이 있게 만들어 줄 수 있다는 사실을 잊지 말아야 한다. 내용만 늘어놓는 그림에는 책을 읽은 주체인 '나'가 없다. 독자가 감상의 주체가 되어야 함에도 불구하고 책에 그저 끌려가는 감상문처럼 말이다.

엄마는 아이의 독서 감상화를 보면서 '책의 내용을 잘 그렸는지'만을 확인해서는 안 된다. 감상화는 책의 내용을 얼마나 알고 있는지를 판단하기 위한 과제가 아니다. 독자인 아이의 감상이 드러났는가, 그리고 이것이 아이의 감각으로 표현되었는가를 살펴보아야 한다. 이러한 관점에서 내 아이의 독서 감상화를 다시금 되짚어 보면 그저 한숨만 나올지도 모르겠다. 대부분의 경우, 아이는 삽화와 다를 바 없이 줄거리만 줄줄이 그려 낸다. 심지어는 책에서 그리기 쉬워 보이는 삽화를 찾아 베끼기도 한다. 답답한 마음에 "네가 책을 읽고 느낀 점을 그려야지" 하고 다그치면, 아이는 무슨 말인지 이해하지 못해 눈만 멀뚱히 뜨고 있을 것이다. 대체 '느낌을 그린다'는 것은 무엇일까? 감상이라는 말 그대로 '마음속에서 일어나는 느낌이나 생각'을 그리는 일이 내 아이에게는 왜 이토록 어려울까?

오른쪽 세 개의 그림 모두 어디서 많이 본 장면인 듯한 느낌이 들 것이다. 모두 책 속 삽화와 거의 흡사한 그림들이다. 사실 이 장면들은 아이들에게 대단히 인기가 많다. 그래서인지 독서 감상화 대회의 단골 레

틀에 박힌 독서 감상화. 책의 내용을 옮겨 그리는 것이 진정한 독서 감상화일까?

퍼토리이기도 하다. 그림책 『무지개 물고기』(1994, 시공주니어)를 읽은 아이들은 책의 내용보다는 반짝이는 물고기의 비늘에 더 관심이 많다. 『책 먹는 여우』(2001, 주니어김영사)를 읽은 아이의 독서 감상화는 '책을 먹고 있는 여우의 모습'을 그리는 것이 당연한 듯하다. 『팥죽 할머니와 호랑이』(1997, 보림)의 경우에는, 호랑이를 만난 할머니가 깜짝 놀라 쓰러지는 장면을 가장 많이 그린다.

인터넷 포털 사이트에서 독서 감상화를 검색해 보면, 위의 세 그림과 비슷한 이미지를 수도 없이 찾을 수 있다. 심지어 어느 미술 학원 홈페이지에서는 『팥죽 할머니와 호랑이』에 대한 독서 감상화 수업 결과물들을 10장 이상 올려 두었는데, 하나같이 호랑이를 만나 깜짝 놀라는 할머니를 그린 그림들이었다. 선생님이 강제로 그 장면을 그리라고 시킨 것이 아니라면 어떻게 모든 아이들의 감상 내용이 같을 수 있을지 의문이 생길 수밖에 없다. 우리 아이들이 책을 제대로 감상하고 표현하도록 도와줄 수는 없을까?

베테랑
엄마에게
물어보세요

 우리 아이는 독서 감상화를 그리라고 하면 무엇을 그려야 할지 모르
겠대요. 그래서 자꾸 그림책 속의 삽화를 베껴 그리려고 해요.

아이는 지금 책의 모든 줄거리를 다 그려야 한다는 부담감에 갈피를 잡
지 못할 수 있습니다. 이야기를 분석적으로 읽어 본 경험이 없는 아이들
은 이야기의 줄거리를 순서대로(시간의 흐름대로) 받아들여요. 이야기가
생성되고 전개되어 폭발했다가 사그라지는 굴곡을 분석적으로 이해하지
못하죠. 그렇기 때문에 이어지는 서사의 흐름 속에서 한 부분만 떼어 내
한 화면에 그리는 것을 어려워할 수 있습니다. 독서 감상화에서 무엇을
그려야 할지 모르는 경우는 책의 주제가 무엇인지를 파악하지 못했을 확
률이 높습니다. 주제를 파악했다 하더라도 나에게 어떠한 부분이 가장 인

상적으로 다가왔는지, 나에게 이 책은 어떤 의미인지를 충분히 공감하지 못하고 있을 수도 있어요. 독서 습관이 지나치게 수동적으로 굳어진 것은 아닌지 확인해 볼 필요가 있습니다.

Q 아이의 독서 감상화에서 주제가 느껴지지 않아요. 그냥 등장인물이나 사건을 나열하기만 하는 것 같아요. 주제가 확실해야 그림이 돋보이지 않나요?

아이에게 이야기를 바라보는 '관점'이 없을 수도 있습니다. 똑같은 상황을 바라보더라도 그것을 어떠한 관점을 가지고 해석하는가에 따라 판단이 달라질 수 있죠. 관점은 자신이 바라보는 대상에 대한 태도나 방향, 처지를 결정하는 출발점이 됩니다. 물론 세상을 보는 관점을 한창 만들어가고 있는 아이에게 이를 완벽하게 요구할 수는 없습니다. 그러나 등장인물의 눈과 마음이 되어, 혹은 작가의 눈과 마음이 되어 책을 읽는 경험과 습관은 매우 중요합니다. 책 속으로 들어가 등장인물의 눈으로, 그의 마음으로 이야기를 바라보는 것, 그것이 공감이기 때문이죠. 아이의 감상화에 등장인물이나 사건이 별 의도 없이 순서대로 나열되어 있다면, 책에 대한 공감이 부족할 수 있습니다. 공감이 있는 감상화 안에는 시선이 존재하기 마련이니까요.

Q 감상화 속 인물의 감정과 표정에 생동감이 떨어진다면 어떻게 해
야 하죠?

이 경우에도 아이의 공감이 부족할 수 있습니다. 그러나 공감이 충분하고
그림 속에 주제를 담으려고 했는데도 불구하고 인물의 행동, 표정, 감정
에 생동감이 없다면? 이는 감정을 시각화하는 데 익숙하지 않아서일 가
능성이 큽니다. 예컨대 '친구가 없어서 외로워하는 슬픈 물고기'가 주제
라면, 대부분의 아이들은 물고기의 표정을 다소 시무룩하게 표현하거나
눈물방울을 그려 넣어 이를 해결하려고 합니다. 그런데 외로움이나 슬픔
의 감정은 구도를 통해서도, 물고기나 배경의 색을 통해서도, 그림 위에
느껴지는 질감을 통해서도 표현할 수 있어요. 눈물이나 시무룩한 표정 같
은 상징을 쓰지 않고도 감정을 시각적으로 표현할 수 있다면, 아이들의
감각은 한층 더 성장할 것입니다.

독서 감상화로
우리 아이의 능력을
키울 수 있을까?

책을 통해서 자신만의 생각과 감각을 쌓아 가기란 말처럼 쉬운 일이 아니다. 그러나 책을 읽기 시작하는 시점부터 천천히 아이 자신의 시선을 가질 수 있도록 도와주다 보면, 어느새 책을 통해 큰 세상을 만나고 넓은 생각을 하는 아이를 발견하게 될 것이다. 그림은 이러한 과정을 도와주는 아주 훌륭한 조교다. 성인에 비해 언어 세계가 좁은 아이에게 글은 그다지 자유로운 표현 도구가 되지 못한다. 반면에 그림은 훨씬 편안한 표현 수단이 되어 줄 것이다. 아무리 상투적인 생각이라도 이를 그림으로 표현하다 보면 자기도 모르게 새로운 발견을 할 때가 있다. 독서 감상화의 역할도 마찬가지다. 텍스트를 읽고 느낀 점을 이미지로 표현하는 과정은 책을 새롭게 발견하도록 만들어 줄 것이다.

독서 감상화는 책을 새롭게 발견하는 과정이다.

- 텍스트에 대한 종합과 재해석 능력이 향상된다.
- 텍스트로는 이해하기 힘든 감각과 감정에 대한 공감을 높여 준다.
- 다양한 주제 그림 그리기에서 자신만의 시각이 담겨 있는 그림을 그릴 수 있다.

독서 감상화를 위해서는 책에 등장하는 사건이나 상황, 인물 등을 이미지로 표현해야 한다. 그 과정에서 아이들은 자연스럽게 책의 정보를 종합하고 해석한다. 예를 들어, 『흥부전』을 읽고 감상화를 그린다고 생각해 보자. 대부분의 아이들은 심술궂고 욕심 많은 놀부를 표현하기 위해 좋은 옷을 차려입은 뚱뚱한 몸에 거만한 얼굴을 그리고, 가난하고 착한 흥부는 비쩍 마른 몸에 남루한 차림, 순한 인상으로 그린다. 아이들은 흥부와 놀부라는 인물을 그림으로 표현하기 위해서 그 인물의 성격, 상황, 기호까지도 종합적으로 판단하게 된다. 그 과정이 너무 자연스러워서 그리 대단하게 느껴지지 않을 수도 있다. 그런데, 만약 아이들에게 "흥부와 놀부는 어떤 사람일까?"를 질문하고, 답변을 글로 받는다면? 대부분의 아이들은 "흥부는 착해요", "놀부는 나빠요. 욕심이 많아요" 정도에서 벗어나지 못한다. 하지만 아이들은 그림을 통해서 훨씬 더 많은 해석을 담을 수 있다. 뚱뚱한 몸에 거만한 얼굴의 놀부가 좋은 옷을 차려입은 모습을 그린 아이의 해석은 "놀부는 욕심이 많아서 자기만 좋은 음식을 먹으니 뚱뚱해요. 심술궂은 생각만 하니까 얼굴도 항상 찡그리고 있어요. 부자라서 늘 좋은 옷만 입고 다녀서 항상 거만해요”
와 같이 구체적이다. 독서 감상화를 그리면서 아이들은 자기도 모르는
사이에 책의 내용뿐 아니라 그에 대한 해석까지도 자연스럽게 담는 것
이다. 사실 독서 감상화만큼 텍스트에 대한 종합과 재해석 능력을 재미
있게 훈련할 수 있는 수업도 없을 것이다. 아이들은 독서 감상화 한 장
의 그림 안에 천 마디 말도 담아낼 수 있다.

　독서 감상화를 적극적으로 활용하면 텍스트로는 이해하기 힘든 감
각과 감정에도 쉽게 접근할 수 있다. 그림은 감각과 감정 표현을 다양
하게 이끌어 내는 데 무척 효과적이다. 글로 표현하려고 할 때는 언어
라는 도구밖에 사용할 수 없지만, 그림으로 표현하고자 한다면 형, 색,
질감, 빛, 구도 등 다양한 조형 언어를 적극 활용할 수 있기 때문이다.
이를테면 한 아이가 “오늘 친구랑 미끄럼틀 타서 참 재미있었어요”라
는 주제로 그림을 그린다고 해 보자. 글로는 ‘참 재미있었다’라는 표현
밖에 내놓지 못한 아이였다. 그림을 그리기 시작하니 미끄럼틀을 타고
쌩쌩 내려오는 자신과 친구의 움직임을 표현하기가 쉽지 않았다. 아이
는 속도감과 운동감을 표현하고 싶었고, 고민 끝에 결국 미끄럼틀을 타
면서 느꼈던 바람의 모습을 그리기 시작했다. 바람이 코에 들어오는 모
습, 머리카락을 ‘슝슝’ 날리며 아이와 친구를 지나치는 바람을 그렸다.
‘친구와 미끄럼틀을 탔다’, ‘참 재미있었다’라는 두 사실에 ‘바람’과 ‘바
람의 느낌’이 그림을 통해 더해진 것이다. 이처럼 책 속에서 그냥 지나
치기 쉬운 감각과 감정도 그림을 통해서라면 깊이 공감하고 표현할 수

있게 된다.

　책에 대한 자신의 해석과 깊이 공감한 감정을 토대로 감상화를 그리게 되면 그림 속에 자연스럽게 자신의 관점이 드러난다. 아무 생각 없이 삽화를 베껴 그리거나 줄거리만 그리려고 시도할 때와는 달리 그림 안에 자신의 시선이 담기게 된다. 내가 전달하고 싶은 감정, 집중하고 있는 생각을 그리게 되는 것이다. 『심청전』을 읽고 감상화를 그린다고 해 보자. 줄거리만 나열하려는 독서 감상화에는 하나로 모아지는 관점이 느껴지지 않을 것이다. 하지만 "아버지를 위해 자신의 목숨을 바칠 각오를 하는 심청이의 모습이 너무 슬프고, 심청의 아버지가 원망스럽다"는 자기 해석을 그리고자 한다면, 심청이의 가련한 모습과 슬픔을 짙게 표현하는 반면 심봉사의 태평함은 대조적으로 표현할 것이다. 책에 대한 해석이 집중적으로 그림 안에 담길 때, 그것은 그림의 명확한 주제가 된다. 독서 감상화는 책의 서사를 기반으로 하기 때문에 이야기가 있는 그림에서 효과적으로 주제를 표현하는 방법을 쉽게 배우고 훈련할 수 있다. 또한 주제에 맞는 상황 표현, 감정 표현도 다양하게 시도할 수 있다. 이는 다양한 주제 그림 그리기에서도 시선이 있는 그림과 이야기의 주제가 있는 그림을 효과적으로 완성하는 데에 도움이 될 것이다.

　독서 감상화는 능동적인 독서 효과를 극대화할 수 있는 좋은 기회다. 아이들은 이야기 속에 녹아 있던 다양한 정보와 의미들을 그림을 통해서 자연스럽게 통합하고 재해석한다. 자기도 모르게 느꼈던 감각과 감정도 그림을 그리면서 다시 돌아본다. 나아가 이야기 너머의 이야기까지도 상상하게 된다. 아이가 감상화 그리기마저도 독서의 한 과정이라고 생각하고 꾸준히 즐겁게 그릴 수 있도록 해 보자. 어느새 자연스레 자기만의 특별한 시각으로 책을 읽어 나가는 아이의 모습을 만나게 될 것이다.

독서 감상화
단계별 훈련법!

STEP 1 · 책 속의 인물들을 직접 만나 볼까?

"책 속에 나오는 인물들, 만나 보고 싶지 않니? 우리가 한번 불러내 볼까?"

문학 수업을 하면서 가장 먼저 하는 작업은 책 속의 인물들을 상상하여 직접 그려 보는 것이다. 언뜻 그리 어려워 보이지 않을 수도 있다. 그러나 등장인물을 그려 보자는 제안을 하면 많은 아이들이 생각보다 난감해 한다.

"선생님, 책 보고 그려도 돼요?"

아이들이 보는 책에는 대체로 삽화가 있기 마련이어서 삽화에 있는 인물을 보고 그려도 되냐는 질문이다. 실은 내가 가장 많이 받는 질문이다.

"안 돼. 삽화에 그려져 있는 사람은 삽화를 그린 사람이 상상한 모습이야. 삽화를 그린 사람과 너희의 생각이 똑같을 수는 없잖아? 우린 아무도 책 속의 인물이 어떻게 생겼는지 알지 못해. 그러니까 잘 못 그릴까 봐, 틀릴까 봐 겁내지 말고 자신 있게 상상한 대로 그려 보자. 선생님은 너희가 책 속에서 직접 불러낸 사람들을 만나고 싶어."

유독 사람을 그리는 일에 자신감이 부족한 아이들이 많다. 보고 그리기도 어려운 인물을 상상해서 그리라니, 삽화라도 보고 잘 그리고 싶은 아이들의 마음을 이해하지 못하는 것은 아니다. 그래서 "책 속의 인물은 그 누구도 직접 만나본 적이 없기에 닮았다 닮지 않았다 판단할 사람도 없고 틀릴 수조차 없다"라고 격려한다. 그래도 힘들어한다면 인물의 외양이 묘사되어 있는 부분을 읽어 주기도 하고, 인물의 성격이 설명되어 있는 부분을 함께 찾아보기도 한다.

"선생님, 이 사람은 늘 화만 내니까 사나운 표정으로 그려도 돼요?"
"선생님, 누구는 아주 똑똑하니까 머릿속을 컴퓨터처럼 그려도 돼요?"

한번 그리기 시작하면, 아이들은 자기가 상상한 인물의 외양부터 자기가 직접 분석한 인물의 성격과 취향까지도 그림 속에 담고 싶어 한다. 게다가 책 속에는 나오지 않은 상황 속에 주인공을 던져 놓기도 한다.

"욕심쟁이 주인공이니까 친구랑 간식을 먹으면 혼자 다 먹을 것 같아요."
"부지런하고 일을 잘하는 사람이니까 농부가 되면 좋겠어요."

등장인물에게 어떠한 특징이 있으니 이런 상황에 잘 어울리겠다는 등 이런 선택을 할 것 같다는 등 자기 해석이 쏟아져 나온다. 아이들이 그린 인물들은 책 속 삽화의 인물보다 외양 묘사는 떨어질지 모르지만, 아이들의 그림에는 인물의 성격이나 취향, 가치관, 감정 등 훨씬 더 많은 해석이 담겨 있다.

아이들이 '진짜 독서'를 할 수 있기 위해서는 책 속으로 들어가 그 내용에 깊이 공감하는 것이 무엇보다 중요하다. 감상화 그리기에 앞서 무엇을 그려야 할지, 어떤 장면을 표현해야 할지 갈피를 잡지 못한다면, 책 속의 인물부터 만나는 것이 중요하다. 문자화되어 있는 인물을 눈에 보이는 이미지로 소환하는 과정에서 아이들은 그 인물에 대해 더 큰 애

착을 가지게 된다. 인물의 특징을 곱씹는 과정에서 이런저런 해석과 상상이 더해지기 때문이다. 집에서도 얼마든지 아이들과 함께 독서 감상화를 이용한 활동을 할 수 있다.

CASE 1 · 『80일간의 세계 일주』의 필리어스 포그를 그려 보자.

쥘 베른Jules Verne의 소설 『80일간의 세계 일주』에는 매력적인 주인공 필리어스 포그가 등장한다. 1분 1초의 오차도 용납하지 않는 그는 오로지 내기에서 자신의 주장을 증명할 목적으로 세계 일주를 시작한다. 갖가지 운송 수단을 이용해 긴장감 넘치는 세계 일주를 하는 필리어스 포그. 같은 소설 속 같은 묘사를 읽었지만 시우와 종하가 만난 포그의 인상은 서로 다르다. 시우가 만난 포그는 풀어헤친 셔츠를 입은 채 온화한 미소를 짓고 있다. 머리카락도 조금 헝클어진 모습이다. 위쪽 포켓에서부터 늘어진 시계도 인상적이다. 시우는 매 순간 시간을 확인하는 강박적인 면모를 가지고 있지만 그깟 내기에 이기려고 우발적으로 세계 일주를 떠나는 포그의 모습에서 속마음은 자유로운 사람이 아닐까 생각했다. 그리고 포그는 무슨 일이 있어도 절대 허둥대지 않기 때문에 언제나 평온한 표정을 지을 것 같았다고 했다. 반면에 종하가 그린 포그는 표정부터 시우의 포그와 상반된다. 말쑥한 머리 모양과 콧수염을 가지고 있지만, 무엇인가 불만이 있는 듯한 짜증스러운 표정이다. 종하의

시우가 그린 포그

종하가 그린 포그

포그는 넥타이까지 갖춰 옷차림도 단정하다. 시우와 똑같이 가슴 포켓에 시계를 차고 있는데, 재미있게도 손목에 시계를 하나 더 차고 있다. 종하는 포그가 언제나 같은 표정, 놀라지 않는 태도를 가지고 있기는 해도 항상 짜증스럽고 차가울 것 같다고 느꼈다. 그래서 파이프를 입에 문 채 불만스러운 표정을 짓고 있는 포그의 모습을 그린 것이다. 종하가 보기에 포그의 걱정과 불만은 모두 시간에서 비롯된다. 포그의 시간에 대한 강박을 조금 더 강조하기 위해 종하는 시계도 두 개씩 그렸다.

CASE 2 · 『크리스마스 캐럴』의 스크루지를 그려 보자.

　소설 속 인물의 성격은 한결같지 않다. 등장인물이 특정한 상황과 갈등을 겪으면서 가치관과 성격이 달라지는 경우, 변화의 전후를 모두 묘사해 보는 것도 재미있다. 찰스 디킨스Charles Dickens의 소설『크리스마스 캐럴』의 스크루지는 욕심 많고 즐거움을 모르는 외로운 노인이다. 그는 크리스마스 이브에 뜻하지 않게 유령들과 함께 자신의 과거, 현재, 미래를 지켜보게 되고, 이 여정이 끝날 즈음 돈밖에 몰랐던 자신의 모습을 반성하며 새로운 사람이 된다.『크리스마스 캐럴』의 스크루지는 한 사람이다. 그런데 소설의 전반부와 후반부 스크루지의 심리 상태에

주경이가 그린 스크루지

승아가 그린 스크루지

는 극적인 변화가 있다. 주경이의 스크루지는 유령과 여행을 떠나기 전의 모습이다. 돈밖에 모르는 그는 큰 통에 돈을 차곡차곡 모은다. 재미있는 것은, 스크루지의 옷이 온통 주머니투성이라는 것이다. 주경이는 스크루지가 계속해서 돈을 채워 넣어야 하기 때문에 주머니를 많이 그렸다고 설명했다. 반면에 승아의 스크루지는 옷을 단정히 입고 가벼운 가방 하나를 들고 밝게 웃고 있다. 여행을 마친 후, 새로운 결심을 한 스크루지의 모습이다. 귀여운 캐릭터를 연상시키는 스크루지의 환한 얼굴에서 그의 마음이 얼마나 가벼워졌는지 알 수 있다.

CASE 3 · 「동물 농장」의 나폴레옹과 스노볼을 그려 보자.

조지 오웰George Orwell의 소설 『동물 농장』의 등장인물들은 모두 돼지나 말, 닭, 개, 염소와 같은 동물들이다. 아이들이 보는 동화에는 특정한 인물 유형을 동물이나 사물에 빗대어 표현하는 경우가 많다. 우화나 신화, 전설이나 야담의 경우도 마찬가지다. 사람이 아닌 동물이나 사물로 표현해야 할 때에는 해당 캐릭터를 "사람이라면 어떤 모습일까?"라는 생각을 하며 바꿔 보는 것도 재미있다. 작가가 어떤 유형의 인물(혹은 제도나 관습일 수도 있다)을 비유했는지 역으로 생각해 볼 수 있는 기회가 되기 때문이다. 『동물 농장』에서 인간 주인을 몰아내는 데 주축이 되는 동물은 돼지인 나폴레옹과 스노볼이다. 동물 혁명에서는 손을 잡은 두 돼지, 하지만 이후 둘은 동물 농장 갈등의 축이 된다. 이상적인 평등 사회를 꿈꾼 스노볼과 점점 독재자로서의 면모를 발휘하는 나폴레옹을 동희와 재민이가 사람으로 표현해 보았다.

동희의 스노볼은 똑똑하고 말을 잘하는 인물이다. 그의 손에 쥐어져 있는 연설문과 마이크, 그리고 머리 위의 번뜩이는 전구가 이를 표현한다. 재미있는 것은, 다른 한 손에 들고 있는 곡괭이다. 풍차 건설을 주장하고 농장을 운영하기 위해 함께 일하기를 강조하는 스노볼의 면모가 잘 드러난다. 동희가 만난 나폴레옹은 고집이 세고 무서운 인물이다. 그래서인지 스노볼에 비해 조금 더 나이가 든 모습이다. 팔의 근육이 울퉁불퉁한 것이, 힘이 세고 항상 칼을 차고 다닐 만큼 폭력적인 인물로 보인다.

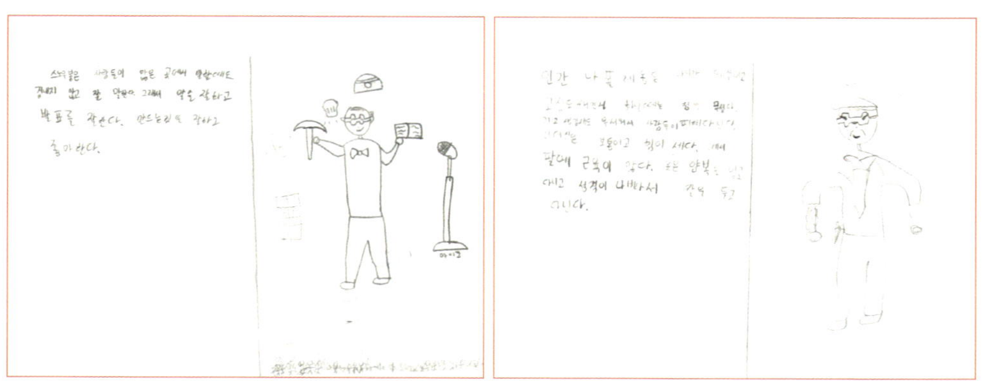

동희가 그린 스노볼과 나폴레옹

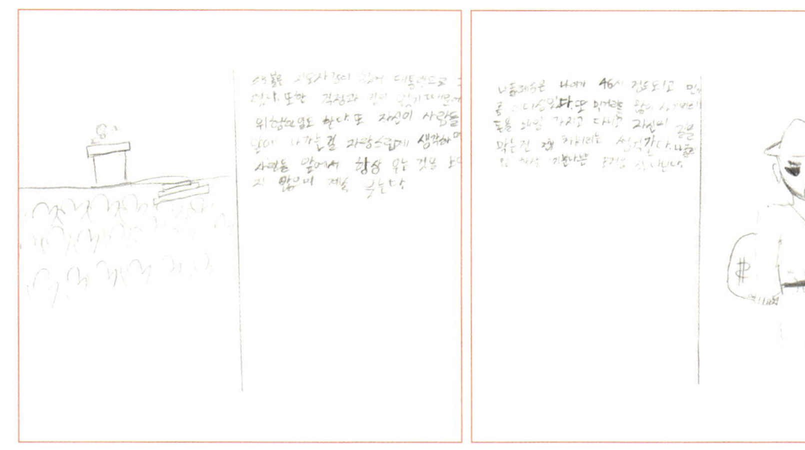

재민이가 그린 스노볼과 나폴레옹

재민이의 스노볼은 많은 사람들 앞에 나가는 것을 자랑스럽게 생각하는 인물이다. 인물 그 자체에 집중하기보다는 연단에 올라선 상황을 전체적으로 그린 것이 특이하다. 걱정도 없고, 겁도 없어서 위험한 일도 마다하지 않는 스노볼은 재민이의 상상 속에서 항상 웃는 얼굴인가 보다. 반면에 나폴레옹은 무서운 인상에 턱수염을 기른 탕아의 모습으로 표현되었다. 재민이가 보기에 나폴레옹은 자신의 길을 막는 것은 무엇이든 차 버리는 독선적인 인물이다. 그리고 돈을 몸에 싸들고 다닐 정도로 부에 집착한다. 항상 웃는 얼굴이었던 스노볼과는 달리, 재민이의 나폴레옹은 항상 기분 나쁜 표정이다. 스노볼과 갈등을 가진 인물로서의 대비가 명확히 드러난다.

STEP 2. 책 속 인물의 시선으로 그려 본다.

"너희들이 책 속의 인물들을 불러왔는데, 이번엔 너희들이 직접 책 속의 인물이 되어 볼까?"

대체 무슨 소리인지 어리둥절한 표정으로 아이들이 일제히 쳐다본다.

"토끼와 거북이 이야기 다들 알지? 토끼와 거북이가 경주를 하고 있어. 토끼는 자기가 훨씬 빠르니까 마음 놓고 경주 도중에 낮잠을 자잖아. 그 사이에 거북이는 열심히 기어서 결승선에 먼저 도착하지. 거북이의 눈에 낮잠을 자는 토끼가 어떻게 보일까? 반대로 토끼의 눈에는 자기가 잠자는 사이에 결승선에 거의 도착한 거북이가 어떻게 보일까?"

"토끼 눈에는 거북이가 미워 보일 것 같아요. 거북이가 이기고 싶어서 잠자는 자기를 보고도 깨우지 않고 갔으니까요. 거북이가 못됐어요."
"자고 있는 토끼를 보고 거북이는 잘됐다 싶었을 거예요. 토끼가 깨지 않도록 살금살금 지나갔을 것 같아요."
"토끼가 봤을 때는 거북이가 엄청 크게 보였을 것 같아요. 눈이 '띠용' 하고 튀어나올 정도로 놀랐을 테니까요."

이야기 속 등장인물의 시각을 빌리니 재미있는 생각들이 터져 나왔다. 토끼가 잘했네, 거북이가 잘했네라고 앞다투어 의견을 쏟아내는 사이에 교실 안은 자연스레 토론장이 되었다.

"지금 너희들이 토끼의 눈으로 거북이를 보고, 거북이의 눈으로 토끼를 본 것처럼 해 보는 거야. 너희들이 그린 캐릭터의 눈을 빌려서 어떤 장면을 그리는 거지. 주인공의 눈에 세상은 어떻게 보일까? 주인공에게 지금 이 장면은 어떻게 보일까?"

엄마와 아이가 함께 읽은 책, 그중에서도 아이가 가장 재미있게 읽은 한 장면을 다시 그려 보도록 하되 등장인물의 시각으로 그리도록 유도해 보자. 유도하는 과정은 그 인물의 감정은 물론 상황에 대한 이해도 높일 수 있다. 그렇게 책 속의 캐릭터가 되어 그 장면을 내가 경험한 듯 시각화하다 보면, 더 많은 것이 생생하게 떠오르기 마련이다. 아이가 그림을 그리는 동안 엄마는 계속 질문을 해 주면 좋다. 토끼와 거북이 이야기를 예로 들자면, "토끼가 깨어나서 기분이 어땠을까?", "토끼가 잠에서 깨 거북이를 보았을 때 거북이가 아주 멀리 있었을까, 아니면 따라잡을 수 있을 것 같은 거리에 있었을까?", "토끼는 잠을 도대체 얼마나 잔 거야?", "거북이는 결승선을 보고 어떤 기분이 들었을까?", "거북이가 토끼를 돌아보지는 않았을까?" 하고 아이가 떠올리고 있는 이미지가 더욱 구체적이고 풍부해질 수 있도록 유도한다.

서연(10세)

『나쁜 어린이표』(1999, 웅진주니어)는 스티커를 통해 아이들을 통제하려는 선생님과 '착한 어린이표'를 받는 아이가 되고 싶지만 번번이 '나쁜 어린이표'를 받게 되는 건우의 이야기다. 이 책을 읽은 열 살 서연이는 주인공 건우의 눈에 비친 선생님의 모습에 집중했다.

"선생님, 저도 건우처럼 억울한 일을 당한 적이 있어요."

"그래? 언제?"

"오빠가 내 물건을 뺏어 가서 내가 오빠한테 소리를 지르는데, 하필 그때 엄마가 본 거예요. 그래서 엄마는 나한테만 그러지 말라고 하는 거예요. 내가 억울해서 뭐라고 말하려니까, 엄마가 됐다면서 말도 못 하게 했어요. 정말 억울해. 그래서 건우도 그때 저랑 비슷한 느낌이 들었을 것 같아요. 엄마가 내 이야기는 안 듣고 나만 혼내서 정말 싫었거든요."

서연이는 건우의 이야기가 남의 일 같지 않은 모양이었다.

"선생님들이 아이가 잘못했을 때 스티커를 붙이잖아요. 근데 이런 건 안 좋은 것 같아요. 왜 잘못을 했는지 물어봐야 하는 거 아니에요? 그리고 다른 아이들이 스티커를 받은 아이를 어떻게 생각하겠어요? 나쁘지 않은 아이인데도 나쁜 아이라고 생각하게 되잖아요. 그렇죠?"

건우 눈에는 선생님이 독재자처럼 잘못하면 이유도 묻지 않는 나쁜 선생님이다.

서연이가 그린 독서 감상화

　자기가 직접 건우의 시선으로 보니 생각이 많아지는 듯했다. 평소에는 쉽게 지나쳤던 불합리에 대해, 아이들을 규제하려고만 드는 어른들에 대해 서연이는 자신의 의견을 계속 이야기했다. 서연이의 감상화 속 선생님은 나치 문장이 달린 옷을 입고 있다. 서연이가 최근 역사책에서 히틀러에 대한 이야기를 읽은 모양이다. 히틀러의 독재자 이미지가 건우의 눈에 비친 선생님의 이미지에 겹쳤다. 서연이는 자기 마음대로 통제하려고 하는 사람의 모습이 선생님이나 히틀러나 마찬가지라고 생각한 듯하다. 독재자 같은 선생님에게서 이마에 노란색 스티커(책 속에서 잘못한 아이에게 주는 스티커다)를 받은 아이의 얼굴이 파랗게 질려 있다. 화가 나는지, 무서운지, 어쩌면 두 가지 감정을 모두 겪고 있을 아이의 표정과 거만하게 웃고 있는 선생님의 표정이 대조적이다. 책 속 주인공인 건우의 시선으로 그림을 그린 서연이는 책 속 상황뿐 아니라 자기 자신의 현재까지도 돌아보는 모습을 보였다. 단순히 건우의 마음을 이해하는 것에 그치지 않고, 실제로 엄마나 학교 선생님으로부터 받은 부당한 대우, 불합리한 규칙에 대해 스스로 생각하고 비판하기도 했다. 건우의 시선이 서연이의 주체적인 생각을 이끌어 낸 셈이다.

연수(10세)

　『세상에서 제일 힘센 수탉』(1997, 재미마주)은 힘센 수탉의 일생을 통해 젊음과 늙음, 가족, 시간과 진정한 힘의 의미까지 많은 생각을 할 수 있는 그림책이다. 이 책을 읽은 연수는 늙어서 약해진 수탉의 시선으로 그림을 그렸다. 한때는 그 무엇도 두려울 것이 없었던 힘센 수탉이었지만, 이제는 늙고 힘이 없어진 주인공의 눈에 세상은 어떻게 보일까?

"젊은 수탉은 크~게. 늙은 수탉은 아주 작~게. 그래야 늙은 수탉이 더 힘이 없어 보이니까."

자신의 약한 모습에 위축된 수탉의 눈에 젊은 닭들은 더 크고 강해 보일 것이다. 늙은 수탉의 축 늘어진 자세도 날개를 쭉 뻗고 사납게 발톱을 드리운 위풍당당한 젊은 수탉과 사뭇 대조적이다. 늙은 수탉의 눈에는 젊은 수탉의 그림자마저 위협적이다. 울룩불룩한 '근육맨'으로 표현된 젊은 수탉의 그림자는 늙은 수탉에게 싸움이라도 거는 듯 무서운 표정을 짓고 있다. 서연이의 감상화에는 늙음에 대한 이해가 엿보인다. 아직 열 살밖에 되지 않은 아이지만, 늙은 수탉의 눈을 빌려 세상을 바라보니 새로운 지평에 접근할 수 있었던 것이다.

힘이 약하고 늙어진 수탉의 눈에는
새롭고 힘이 훨씬 센 수탉이 그윽엔처럼
보인다.

연수가 그린 독서 감상화

STEP 3 · 책에 '나'를 대입하면 해석이 그려진다.

"우리가 책 속으로 들어가 보았으니, 이번에는 책 속의 세상을 우리가 있는 지금 여기로 데리고 나와 볼까?"

아이들은 도대체 이게 무슨 황당한 소리인가 싶어 어리둥절했다. 말도 안 된다며, 책 속 세상을 어떻게 불러오냐고 성화다. 아이들에게 책의 세계는 단지 책 안에 머문다. 책과 현실, 책과 나를 별개로 생각하는 것이다.

"책 속의 상황이 지금 나한테 벌어진다고 상상해 보자는 거야. 여기 우리 옆에서 실제로 벌어진다면? 나라면 어떻게 할까? 나한테 책 속 주인공이 가진 어떤 능력이 있다면, 나는 뭘 하고 싶을까?"

다양한 상황들을 제시하니 아이들은 그제야 이해가 된다는 듯 생각에 잠겼다. 이렇게 골똘히 자신의 상상 속으로 빠져드는 아이들의 모습은 언제 보아도 참 예쁘다.

"선생님, 그럼 책이랑 내용의 끝이 달라져도 돼요?"
"선생님, 내용이 조금 바뀌어도 돼요?"

책 속 세상을 나의 현실로 소환하다 보면, 책의 내용이나 상황은 조금씩 바뀔 수밖에 없다. 하지만 아이들에게 책은 일종의 절대적인 권위를 가진다. 아이들은 책 속의 내용이 진실이고, 그것은 내가 바꿀 수 없다는 생각에 사로잡혀 있기 쉽다. 그래서 책의 내용을 현실 상황이나 나의 입장에 맞춰 자유롭게 변형하고 각색하는 것에 대해 처음에는 불편함을 느낀다.

"되고 말고. 너희들이 작가가 되어서 자유롭게 생각해 보아도 좋아."

아이들의 독서 활동에 가장 부족했던 것이 바로 '자유'가 아니었을까?

소윤(8세)

여덟 살 소윤이와 『생각을 모으는 사람』(2001, 풀빛)을 읽고 자신을 대입하는 감상 수업을 진행했다. 『생각을 모으는 사람』에는 가방을 메고 마을을 돌아다니며 생각을 모으는 일을 하는 부루퉁 씨라는 아저씨가 등장한다. 아저씨가 가방에 한가득 모은 생각들을 집으로 가지고 가서 집 앞의 화단에 생각들을 심으면, 다음 날 아침 생각들은 꽃이 되어 피어나고, 그 꽃은 알갱이가 되어 하늘로 날아가 다시 사람들의 머릿속으로 들어간다는 내용의 동화다.

소윤이가 그린 독서 감상화

“선생님, 제가 키운 ‘생각들’의 모습을 그려도 돼요?
“그럼.”
“저는 귀여운 생각, 화난 생각, 궁금한 생각, 잘난 척하는 생각을 그
려 보고 싶어요.”
“그거 재미있겠다!”

책 속의 주인공이 아니라 내가 직접 생각들을 키워 낼 수 있다면 그
생각들은 각각 어떤 모습의 꽃을 피울 것인가를 상상한 소윤이는, 그림
을 그리는 내내 생각을 키우는 농부가 되어 즐거워했다. 땅속에는 귀여
운 생각, 화난 생각, 궁금한 생각, 잘난 척하는 생각이 심어져 있다. 단순
한 씨의 형태가 아니라 자기만의 캐릭터로 이를 표현한 것을 보면, 소
윤이의 눈에는 귀엽고 화나고 궁금하고 잘난 척하는 생각의 씨앗들이
모두 살아 숨 쉬고 있었던 듯하다. 농부가 물을 주니 그 생각들이 각자
의 특징을 잘 드러낸 꽃으로 피어난다. 귀여운 생각 꽃은 하트 모양 꽃
잎으로 사랑스럽게 나타나고, 화난 생각 꽃은 소리를 지르는 듯한 가시
돋친 형태와 강렬하고 무서운 느낌의 빨간색으로 표현되었다. 궁금한
생각 꽃은 깜박이는 전구로 둘러싸여 있고, 잘난 척하는 생각은 뽐내는
듯한 큰 눈의 긴 속눈썹이 도도하다. 소윤이의 입장에서 소윤이의 생각
들이 어떤 이미지를 가지고 있는지, 그리고 꽃이 피었을 때처럼 남들에
게 드러날 때는 어떠한 모습인지 잘 드러난 그림이다.

아홉 살 유진이는 『책 먹는 여우』를 읽으면서 여우를 매우 부러워했다.

"선생님, 여우는 좋겠어요. 책을 먹기만 하면 책의 내용이 다 머릿속에 들어가잖아요. 그래서 나중에 책을 써서 돈도 많이 벌고…… 나도 책을 먹기만 하면 영어랑 국어, 수학을 다 알게 됐으면 좋겠어요. 전 학원도 다니고 숙제도 해야 하고 힘들잖아요."

지금 책 먹는 여우처럼 할 수 있다면 무엇을 어떻게 할 것인지를 물었더니 유진이는 학원과 숙제 이야기를 꺼내며 투덜거렸다. 자신의 입장에서 자기의 현실을 반영해 책을 이해하니 책과 유진이가 고스란히 하나가 된다. 유진이의 감상화에는 이런 유진이의 귀여운 생각이 잘 드러났다. 접시 위의 국어책, 수학책, 영어책, 인체 책이 뜯어 먹힌 모습이다.

"저는 소금이랑 후추는 안 뿌려 먹을 거예요. 맛이 없잖아요. 전 매운 소스가 좋아요. 하하하."

유진이는 책에 뿌려 먹을 매운 소스 통을 책 옆에 그렸다.

"책 먹고 똑똑해지면 뭐 하려고?"

"노벨상을 타고 싶어요. 돈도 많이 벌고요!"

유진이가 그린 독서 감상화

다음 날은 좀 늦게 개울가로 나왔다. 이 날은 소녀가 징검다리 한가운데 앉아 세수를 하고 있었다. 분홍 스웨터 소매를 걷어 올린 목덜미가 마냥 희었다. 한참 세수를 하고 나더니, 이번에는 물속을 빤히 들여다본다. 얼굴이라도 비추어 보는 것이리라. 갑자기 물을 움켜 낸다. 고기 새끼라도 지나가는 듯.

소녀는 소년이 개울둑에 앉아 있는 걸 아는지 모르는지 그냥 날쌔게 물만 움켜 낸다. 그러나, 번번이 허탕이다. 그대로 재미있는 양, 자꾸 물만 움킨다. 어제처럼 개울을 건너는 사람이 있어야 길을 비킬 모양이다. 그러다가 소녀가 물속에서 무엇을 하나 집어 낸다. 하얀 조약돌이었다. 그러고는 벌떡 일어나 팔짝팔짝 징검다리를 뛰어 건너간다. 다 건너가더니만 홱 이리로 돌아서며,

'이 바보.'

조약돌이 날아왔다. 소년은 저도 모르게 벌떡 일어섰다.

－황순원, 『소나기』 중에서－

황순원의 『소나기』를 읽고 열 살 우형이가 각각 소년과 소녀의 시각으로 다음의 장면을 그려 보았다. 징검돌에 앉아 물을 움키기만 하는 소녀의 시각에서 보이는 것은 물장난을 치는 자신의 손이다. 그런데 소녀는 소년이 말을 걸어 주기를 기다리고 있다. 두근두근 설레는 소녀의 마음 때문에 찰랑대는 물도 온통 예쁜 색으로 보일 것 같다는 우형이. 주인공인 소년과 소녀가 자기 또래의 아이여서일까. 소녀의 순수한

우형이가 그린 소년의 시각

우형이가 그린 소녀의 시각

마음을 이해하는 우형이의 해석이 놀라우면서도 흐뭇하다. 반면에 소년은 소녀를 똑바로 보지도 못한다. 소녀의 동그란 눈동자를 바로 보지 못해 자꾸 고개를 떨구는 소년의 눈에 보이는 것은 소녀의 하얀 다리와 예쁜 신발이다. 우형이는 지금 소년에게 소녀 말고는 아무것도 보이지 않을 것 같다며 배경을 어둡게 색칠했다. 그러더니 빨간 동그라미들을 그렸다. 소녀 앞에 서 있는 것이 너무 떨려서 소년의 마음이 톡톡 터지는 것이란다. 우형이는 그림을 그리면서 떨림으로 눈앞이 캄캄해지고 설렘으로 잔뜩 부푼 마음이 톡톡 터져 버린 소년, 그 자체가 되었다.

나는 기억이 허락하는 순간부터 여태껏 일편단심으로 소설을 짝사랑했다. 책이라고는 전래 동화나 위인전 정도밖에 몰랐던 초등학교 시절, 〈주말의 명화〉에서 본 레트 버틀러 역의 클라크 게이블에 반해 『바람과 함께 사라지다』 책을 옆에 끼고 살기 시작했다. 올리비아 핫세의 치명적인 아름다움에 넋이 나가 셰익스피어도 만났다. 중학교 때는 김승옥의 『무진기행』을 온갖 노트에 쓰고 또 쓰며 문장을 곱씹었다. '어느 날 아침 불안한 꿈에서 깨어났을 때, 자신이 잠자리 속에서 한 마리 흉측한 해충으로 변해 있음을 발견'한 『변신』의 그레고르 잠자의 충격에서 빠져나오는 데에는 꽤나 오랜 시간이 걸렸다. 시끄럽고 불안한 일상 속에서도 책장을 넘기면 그 안에 온전한 세계가 열렸고, 나는 그저 그 안에 고요히 잠기면 그만이었다. 소설은 우리 앞에 무구한 풍경을, 새로운 지평을 가져다 놓는다. 눈앞에 펼쳐진 세계가 너무도 경이로울 때면 그 앞에 그저 잠시 서 있을 수 있다는 것에 무한히 안도하게 된다. 어쩌면 미술을 전공하게 된 것도, 소설이 내 눈앞에 가져다 놓은 풍경을 잊지 못해서인지도 모르겠다.

아이들을 가르치면서 그들 앞에도 새로운 세계를 펼쳐 주고 싶었다. 아이들은 언어 표현이 완숙하지 않기에 오히려 더 큰 생각, 열린 감각을 그림으로 쏟아 낼 수 있다. 사고의 틈을 조금만 비집고 들어가면 언어로는 표현할 수 없는 것도 표현하고, 느낄 수 없는 것도 느끼게 된다. 다만 약간의 길잡이가 필요할 뿐이다. 카프카는 한 권의 책이 우리 안의 얼어붙은 바다를 깨는 도끼가 되어야 한다고 말했다. 더 많은 아이들이 끝없이 소용돌이치는 바다에 주저 없이 몸을 담그고 그 속에서 쉼 없이 유영하기를 바란다. 나는 기꺼이 얼어붙은 바다를 깨뜨릴 도끼를 아이들에게 쥐어 줄 손이 되고자 한다. 그것이 내가 소설을 사랑하는 또 하나의 방법이다.

YEARLY PLAN

3
MARCH

그림일기 쓰기

그림일기는 소소한
일상도 확장할 수 있는
힘을 길러 줍니다.

4 / 5
APRIL / MAY

과학상상화와 발명품 대회

과학상상화와
발명품 대회는
열린 상상의 힘을
길러 줍니다.

6
JUNE

주제 그림 그리기

주제 그림 그리기는
같은 주제 앞에서도
다르게 표현할 수 있는
힘을 길러 줍니다.

7 / 8
JULY / AUGUST

**여름방학 체험학습
보고서 쓰기**

체험학습 보고서는
창의적인 경험을
가능하게 합니다.

9
SEPTEMBER

독서 감상문 쓰기

독서 감상문은
'나'를 중심으로
책을 읽을 수 있도록
도와줍니다.

10
OCTOBER

독서 감상화 그리기

독서 감상화는
책을 새롭게 발견하는
과정입니다.

11 / 12
NOVEMBER / DECEMBER

엄마가 할 수 있는 선행학습

아이의 과제가
적은 틈을 타, 엄마도
공부할 시간을
가져 봅시다.

1 / 2
JANUARY / FEBRUARY

아이와 함께하는 시간

학교 과제로 아이와
함께 직접 수업을
만들어 나갈 수
있습니다.

11월·12월

엄마가 할 수 있는 선행학습

"어떤 선행학습이 필요한가요? 첫 아이라 벌써부터 걱정이 돼요. 무엇부터 시켜야 할지도 모르겠고요. 지금은 방문 학습 몇 가지만 하고 있는데, 학교 수업이랑 연계되어 있지는 않은 것 같아요."

"수학은 꼭 선행학습을 해야 한다던데, 몇 년 정도 해야 하지요?"

"큰애를 키워 보니까 선행학습을 해도 나중에 다 비슷비슷해져요. 초등학교 때는 다 고만고만한 것 같아서, 전 둘째는 그냥 선행학습 시키지 않고 편하게 키운답니다."

"전 웬만하면 선행학습을 시키고 싶지 않은데, 잘 모르겠어요. 선행학습을 시켜서 많이 도움이 된 엄마들 있나요?"

"남들 다 시키는데 우리 애만 안 시키면 아이가 학교에서 주눅이 들까 봐 걱정돼요."

"엄마도 아주 열심히 공부하는 스타일이 아니었으면서 애들한테 '공부해라, 공부해라' 하는 것은 좀 아닌 것 같지만, 솔직히 불안하긴 하죠."

"진짜 실력은 초등학교 때는 잘 드러나지 않더라고요. 정말 잘하는 애들은 중학교 이상 되어야 나타나거든요."

"자기 학년 것도 잘 못하면서 두 학년 이상 선행학습을 하는 아이들은 정말 이해가 안 돼요."

아이들은 방학이라고 마냥 좋아할 수가 없다. 학기 중에도 버거웠던 학원 수업이 방학에는 더 늘어나기 때문이다. 특히 겨울방학에는 선행을 위한 학원 스케줄이 더욱 촘촘해진다. 방학을 한다고 좋아하던 아이들도 막상 방학이 시작되면 태도가 달라지는 모습을 어렵지 않게 볼 수 있다. 학원 스케줄에 지쳐 빨리 개학이나 했으면 좋겠다고 생각하는 아이들이 안쓰럽기만 하다. 어머니들에게 아직 초등학생이니 너무 걱정하지 말라고 위안의 말을 던져 보지만, 불안은 쉽게 사그라들지 않는다.

"저는 별로 공부를 많이 시키는 편도 아니에요. 우리 아이 친구들은 어마어마해요. 새벽까지 학원 숙제를 하는 아이도 있다니까요."

엄마들이 생각하는 '아이의 학습량'에 대한 기준은 높아진 지 오래다. 아이들을 힘들게 하는 가장 큰 원인은 지나친 선행학습이다. 하지만 학원가에서 선행학습은 너무도 보편적인 현상이다. 한 학기는 물론, 한두 학년을 미리 학습하는 경우도 매우 흔하다. 심지어 초등학교 4~5학년에 이미 중학교 수학을 배우는 아이들도 많다. 사실 선행학습의 효과에 대한 엄마들의 의견은 분분하다. 하지만 선행학습 자체가 너무나 당연시되어서 그것에 회의적이라 할지라도 거부하기가 쉽지 않다. 다른 아이들은 다 하는데 내 아이만 뒤처지면 어쩌나 불안한 마음을 지울 수 없기 때문이다. 엄마와 아이를 모두 힘들게 하는 선행학습, 대체 무엇을 어디까지 해야 할까? 엄마와 아이가 모두 행복한 선행학습은 결코 불가능한 것일까?

아이들의 과제가 줄어드는 11월과 12월에는 엄마를 위한 시간을 가지는 것이 필요하다. 아이에게 공부를 다그치기보다 엄마가 먼저 교육에 대한 기준을 세워 보자. 강남 학원 못지않은 우리 아이를 위한 맞춤형 사교육이 엄마 손에서 이루어지는 것을 경험할 수 있을 것이다.

엄마의 불안은
사교육으로
이어진다

내가 영준이를 처음 본 것은, 영준이가 다섯 살 때였다. 미술을 배워 보겠다고 엄마 손을 잡고 나에게 왔다. 외동아들인 영준이는 엄마의 사랑을 듬뿍 받고 있었다. 엄마는 아이가 매시간 완성한 작품들을 보면서 늘 감동했다. 심지어 영준이가 A4 용지에 장난으로 그린 낙서들까지 모두 집으로 챙겨 갈 정도로 아이의 모든 것을 소중히 생각했다.

　"선생님, 영준이가 오늘은 수업 시간에 뭐라고 했나요?", "선생님, 이 부분은 영준이가 무엇을 나타낸 건가요?" 엄마는 영준이의 모든 것을 알고 싶어 했고, 사소한 것까지도 모두 다 신기하고 사랑스러워 보이는 듯했다. 그러던 아이가 훌쩍 자라 열 살이 되었다. 그리고 그만큼 엄마의 요구 사항도 늘어났다. "선생님, 우리 영준이가 수업 시간에 그림 완성을 못 하나 봐요. 완성 좀 하게 해 주세요", "선생님, 우리 영준이가 그림을 작게 그려요. 좀 크게 그리게 해 주세요", "선생님, 우리 영준이가 다음 주에 사생 대회에 나가는데, 연습 좀 시켜 주세요", "선생님, 학교 발명 대회가 있는데 준비 좀 해 주세요." 엄마가 그렇게 자랑스러워하던 영준이가 언제부터인가 엄마의 눈에 부족하고 걱정스러운 아이로 보이기 시작한 것이다.

초등학교 저학년 때까지만 해도 아이가 하는 모든 활동을 그저 사랑스럽게 지켜보던 엄마들의 시선이 아이의 학년이 올라갈수록 변하는 것을 느낄 수 있다. 엄마들은 점점 욕심이 생긴다. 아이가 학교 과제에서 우수한 평가를 받기 원하고 각종 대회에서 수상하기를 바란다. 아이의 활동 자체에 의미를 부여하던 기준은 평가를 중심으로 재편된다. 여기에 다른 엄마들의 발 빠른 정보와 학습 대책을 접하게 되면, 자연스레 불안이 엄습한다. '내 아이만 너무 못하면 어쩌지?', '미리 다 준비하고 배워 온 아이들 틈에서 주눅 들면 어쩌지?' 한번 생겨난 불안은 걷잡을 수 없다. 그렇게 해서 불안한 엄마는 학원으로 향한다.

언제부터인가 정부의 교육 방침은 사교육 경감과 공교육 정상화에 초점이 맞춰졌다. 이를 위해 내신 비중을 확대하기도 하고 수능 난이도를 대폭 낮추기도 하는 등 다양한 정책을 시행하고 있다. 하지만 여전히 사교육 열기는 뜨겁기만 하다. '사교육 열풍'이란 말이 식상할 만큼 어느덧 사교육은 우리의 당연한 일상이 되어 버렸다. 아이들이 학원에 다니는 풍경은 이제 너무나도 자연스럽다. 학원에 다니지 않는 아이를 찾기가 힘들 정도다. 영어, 수학은 기본이고 글짓기, 역사, 과학 등은 필수이며 음악, 미술, 체육 중 한두 가지는 선택이다. 적게는 세 곳, 많게는 일고여덟 곳의 학원에 다니는 것이 요즘 초등학생의 일과라고 할 수 있다. 이 땅에서 사교육을 철폐하자는 말은 이제 공허하게 들릴 지경이다. 초등학생이 학원을 그렇게 많이 다닐 필요가 있는지 의문을 품는 사람도 있겠지만, 안타깝게도 이것이 현실이다. 그런데, 무분별한 사교육이 아이를 불행하게 만든다는 사실 또한 부정할 수 없다. 물론 내 아이가 불행하기를 바라는 부모는 없을 것이다. 그렇다면, 피할 수 없는 사교육의 현실 속에서도 내 아이가 행복할 수는 없을까?

우리나라 사교육의 중심은 학과 수업의 선행학습이다. '사교육=선행학습'이라는 공식이 짙게 드리워져 있는 것이다. 대부분의 아이들이 한두 학기 정도의 학과 공부를 학원에서 미리 배운다. 학교 숙제보다 학원 숙제가 훨씬 더 부담스러울 만큼 학습량도 적지 않다. 하지만 사교육으로 선행학습을 한다고 해서 모두가 효과를 보는 것은 결코 아니다. 그런데 선행학습이라도 하지 않으면 불안을 지울 수 없는 부모의 선택은 언제나 학원이다.

우리는 사교육 현장의 중심에 서 있는 강사들이다. 하지만 우리가 현장에서 10년 넘게 지켜본 바에 의하면, 대부분의 사교육과 선행학습은 아이를 소외시키고 있다. 분명 아이를 대상으로 하고 있지만 그 중심에 아이는 없다. 정해진 기준대로 매겨지는 성적과 평가, 수상만을 위한 사교육과 선행학습 속에서 아이의 독창성은 빛을 잃을 수밖에 없다.

무엇을 얼마나 어떻게 더 배워야 할까? 선행학습은 어디까지 해야 할까? 사실 사교육과 선행학습에 대한 기준은 상당히 모호하다. 따라서 '더 많은 것을 좀 더 일찍 배우면 좋지 않을까?'라는 착각으로 끝도 없이 앞서 나가는 경우를 심심치 않게 볼 수 있다. 이러한 경우에 아이는 아이대로, 엄마는 엄마대로 괴로울 수밖에 없다. 학습 효과는 둘째 치고, 아이가 공부에 대한 의지와 흥미마저 잃게 될 가능성이 크다. 목표와 기준이 불분명한 사교육과 선행학습이 아이를 불행하게 만드는 것이다. 그렇다면, 우리는 독창적인 아이의 행복한 사교육을 위해 어떤 기준을 세워야 할까? 그리고 초등학교 시절의 선행학습은 무엇을 목표로 해야 할까?

사고력과 창의력 교육,
엄마의 기준이
필요하다

"우리 아이에게는 우리 때와 다른 교육을 시키고 싶어요.", "좀 더 의미 있는 교육을 시키고 싶어요."

요즘 부모 세대는 의미는 몰라도 교과서를 달달 외우고, 왜 배워야 하는지 이해하지 못해도 기계처럼 수학 문제를 풀고, 뒤돌아서면 잊기 마련이지만 성적을 위해 연표를 외웠다. 그저 엉덩이를 붙이고 앉아 한 글자라도 더 외우고 한 문제라도 더 풀었다. 공부는 재미없고, 시험은 언제나 힘들었다. 그래서인지 요즘 엄마들은 내 아이를 위해 좀 더 나은 교육, 의미 있는 교육을 찾아 나선다. '창의력'이 이 시대 교육의 가장 큰 화두가 된 것은 아마도 이러한 욕구 때문일 것이다. 대학에서도 기업에서도 너도나도 '창의 인재'를 뽑겠다며 저마다의 기준을 제시한다. 초중고 할 것 없이 학교에서도 창의력 교육을 위한 다양한 정책들이 시도되고 있다. 이러한 추세를 가장 발 빠르게 좇는 학원가에서도 '창의 미술', '사고력 수학', '통합 교육' 등의 문구가 엄마들을 유혹한다. 무엇인가 그럴듯해 보이지만 유행처럼 소비되고 있는 '창의력', '사고력', '통합 교육' 등의 개념들이 조금은 의심스럽다. 우리가 그토록 애타게 좇는 창의력과 사고력, 통합 교육은 대체 어디를 향하고 있을까?

초등학생이 수학 학원을 두세 곳씩 다니고, 미술 학원을 용도별로 구분해 다니는 것이 무슨 소용이냐며 어이없어할지도 모른다. 하지만 적지 않은 아이들이 겪고 있는 현실이기도 하다. 물론 사교육 현장에서 1등만을 위한 선행학습이 아니라 사고력과 창의력의 중요성을 인지해 가르치고 있다는 사실은 반가운 일이다. 하지만 사고력과 창의력을 중심으로 가르치는 학원에 다니면서 학과 공부를 보충해 주는 학원을 이중으로 다니는 현실은 참으로 아이러니하다. 사고력과 창의력을 교과 과정에서는 배울 수 없다는 것일까? 교과 과정이 아이들의 사고력과 창의력과는 무관한 학습 과정인 것일까?

엄마들이 말하는
사고력 수학? 학교 수학?

"요즘 수학이 우리 때랑 많이 다르잖아요. 사고력 수학 문제가 많이 나오고, 풀이 과정도 써야 하는 문제들도 많고요. 그래서 수학은 엄마들이 집에서 도와주기가 어려워요. 못 보던 문제들도 나오고, 이걸 애들이 어떻게 푸나 싶기도 하고…… 그래서 초등학교 때는 사고력 수학 학원에 다녀야 해요. 근데 사고력 수학 학원에서 가르치는 수학은 학교에서 배우는 수학이랑 좀 달라서 학교 수학을 준비시키는 학원까지 다니는 애들이 많아요. 저학년 때는 사고력 학원이랑 연산 학원, 고학년 때는 사고력 학원이랑 경시대회 준비 학원, 보통 이렇게 많이 다니죠."

엄마들이 말하는
창의력 미술? 학교 미술?

"우리 애는 창의력 미술 학원에 오래 다녔어요. 창의력이 중요하잖아요. 그래서 다섯 살 때부터 쉬지 않고 다녔어요. 그런데 학교에 가니까 너무 그림을 못 그리는 거예요. 사람도 제대로 못 그리는 거 있죠. 그래서 학교 앞에 있는 미술 학원처럼 학교 미술 대회도 준비해 주고 색칠도 꼼꼼히 가르치는 곳에 보내야 할 것 같아요. 엄마들 사이에서는 상을 많이 타게 해 주는 학원 정보들이 많더라고요."

사고력의 사전적 의미는 '이치에 맞게 생각하고 판단하는 힘'이다. 특정한 상황의 다양한 가능성과 한계를 가늠하고, 스스로 이를 비판하고 판단하고 결정을 내릴 수 있는 능력을 말한다. 따라서 사고력은 문제 해결 능력과도 긴밀하게 연계된다. 사고력은 아이 스스로 감각한 내용, 주어진 정보, 선지식과 선경험 등을 통합적으로 고려하여 가능한 많은 해결 방법을 탐색하는 과정 속에서 성장한다. 일상의 작은 불편을 해결하는 과정에서 사고력이 발휘될 수도 있고, 친구들과의 관계 속에서 성장할 수도 있으며, 독서를 통해서도 이를 키워 나갈 수 있다. 요컨대 주체적인 경험의 다양성, 그리고 재해석의 습관이 사고력을 키울 수 있다는 것이다. 이처럼 통합적인 문제 해결 능력이 사고력이라면, 그것은 수학, 과학, 인문, 예술 등 어떠한 영역에서도 발휘될 수 있어야 한다. 사고력을 키워 준다는 수학 학원에 다니면서 학교 수학을 배우는 보습학원에 이중으로 다니는 일은 없어야 하는 것이다. 엄마 스스로 사고력에 대한 명료한 이해와 신념이 없는 채로, 그저 급한 마음에 각종 '사고력 OO 학원'을 쫓아다닌다면 사고력을 요구하는 문제의 패턴을 외우고 익히는 정도의 훈련에 만족해야 할 것이다.

인간의 지능을 보다 정확하고 구체적으로 파악하기 위해 복합적인 지적 구조 모형Structure of Intellect Model, SI–Model을 제시한 J. P. 길퍼드J. P. Guilford는 창의성을 인간의 지적 능력의 큰 특징으로 보았다. 그는 창의성이 기존의 IQ 검사로는 측정할 수 없을 정도로 완전히 다른 종류의 사고라고 지적하면서, 이러한 사고가 다양한 방향으로 확산되어 수많은 해답을 만들어 낼 수 있도록 한다고 말했다. 전통적인 IQ 검사가 하나의 답을 찾는 단순 문제 해결 과정인 '수렴적 사고convergent thinking'를 요구한다면, 창의성은 가능한 많은 해답을 찾아 나갈 수 있는 '확산적 사고divergent thinking'와 밀접한 연관이 있다는 것이다.

창의력은 단순히 새로움을 창조하는 능력이 아니다. 다양한 해답에 도달할 수 있는 가능성이다. 따라서 이것은 예술적 활동에만 국한되는 것이 아니다. 창의력은 자신의 감각과 경험, 정보와 지식을 총동원해 자기만의 다양성에 도전하는 모든 활동에서 발휘될 수 있다. 그것은 우리 모두에게 이미 내재되어 있으며, 스스로 보고 느끼고 생각하는 과정 속에서 성장한다. 따라서 감각과 경험의 관습적 표현, 주어진 그대로의 정보와 지식 안에서만 해답을 찾으려 하지 않는다면, 누구나 창의적인 생각을 할 수 있다.

엄마가 먼저 창의력에 대한 개념을 인지하고 중심을 잡지 않으면 아이의 창의력이 퇴색될 수도 있다. 아이의 창의력을 누구보다 원하는 엄마라면, 아이만의 개별성에 집중하고 다양한 표현을 인정하는 창의력 교육에 대한 믿음을 다잡을 필요가 있다. 그렇게 하지 않으면, 대회 수상만을 위해 획일화된 기술을 가르치고 요구하는 학원을 찾아 다니게 될 것이다. 그리고 그 사이에 아이는 자신의 창의력을 빛낼 수 있는 기회를 놓쳐 버리게 될지도 모른다.

행복한
사교육의
시작

종전과는 다른 새로운 교육에 대한 욕구가 점차 늘어나고, 그에 발맞추어 창의력 교육과 통합적 교육을 추구하는 흐름도 확연해졌다. 하지만 아이들에 대한 가장 강력한 평가는 여전히 시험 점수다. 시험은 하나의 답을 요구한다. 점수에 의한 '한 줄 세우기' 속에서 아이들의 다양성은 무시되기 십상이다. 많은 부모들이 이러한 현실에 대해 깊은 회의를 느끼고 있다. 하지만 적절한 대안을 찾기란 쉽지 않다. 남들과 다른 교육 철학과 방법으로 자녀를 키운 부모들의 성공담(?)이 담긴 책들이 심심치 않게 베스트셀러가 되는 것을 보면, 교육의 돌파구를 찾기 위한 부모들의 마음이 절실하게 느껴진다. 하지만 아무리 책을 읽고 따라 해보려 해도, 그것은 단지 남의 이야기일 뿐이다.

아이들은 모두 저마다의 빛을 지니고 있다. 따라서 아이의 개별성과 다양성을 해치지 않고 고유의 빛을 발할 수 있도록 도와주는 교육이 필요하다. 그러나 공교육에서 이를 실현하기란 쉽지 않다. 공교육은 교육의 기회를 균등하게 제공하고, 그 속에서 기초 학력을 쌓는 것을 일차적인 목표로 삼기 때문이다. 공교육에서도 창의력 교육이나 통합 교육에 대한 재고가 이루어지고 있기는 하지만, 기본적으로 모두가 수긍하고 따를 수 있는 확고한 기준을 설정할 필요가 있다. 이러한 공교육의 숙명 속에서 아이들 개개인의 독창성에 집중하기란 어려운 일이다. 하지만 사교육에서는 가능하다. 내 아이만을 위한 맞춤 교육을 할 수 있다.

우리가 이야기하는 사교육이란, 학과 공부를 미리 배우고 시험 성적을 높이기 위한 문제 풀이 학원에서는 이루어지지 않는다. 획일화된 기준에 맞추기 위한, 혹은 정해진 하나의 관문을 우수하게 통과하기 위한 사교육은 무분별한 선행학습과 지루한 반복 학습만을 낳을 뿐이다. 이는 엄마와 아이를 모두 불행하게 만든다.

행복한 사교육을 위해서는 사교육의 기준부터 재설정할 필요가 있다. 시험 점수가 아니라 '내 아이'가 교육의 중심에 서야 한다. 내 아이만을 위한 사교육에서라면 선행학습에 대한 기준 역시 달라진다. 시험 점수를 잘 받기 위해 남들보다 더 빨리, 더 많이 배우는 선행학습이 아니라 내 아이가 스스로 보고 느끼고 생각할 수 있는 힘을 키워 주는 활동이 무엇인지 고민하는 선행학습이 될 것이다.

유대인 가정에서 태어난 미국의 교육심리학자인 벤저민 블룸Benjamin

S. Bloom은 인간의 사고 과정을 여섯 단계로 설명했다. 그에 따르면, 인간은 지식Knowledge, 이해Comprehension, 응용Application, 분석Analysis, 종합Synthesis, 그리고 마지막으로 평가Evaluation의 단계로 사고하며, 이 과정은 순차적으로 이루어지기도 하고 동시다발적으로 이루어지기도 한다.

'지식'의 단계는 단답형 문제를 해결할 수 있을 정도의 사고력을 요한다. 이 단계에서 우리는 '계란 한 판에는 계란이 몇 개 들어 있나요?', '우리나라 대통령은 누구인가요?', '임진왜란이 일어난 연도는?' 같은 문제에 답할 수 있다. 다시 말해, 암기한 정의나 기억하고 있는 구체적인 사실, 용어 등을 이야기할 수 있는 단계인 것이다. 블룸은 가장 일차적인 사고 과정으로 '지식' 단계를 설정하고 있다. 이에 따르면, 하나의 정답을 맞추기 위해 수없이 많은 시간을 투자하고, 더 많은 답을 맞추기 위한 선행학습으로 지쳐 있는 우리 아이들이 모두 일차적 사고 과정인 '지식' 단계에 목매고 있는 셈이다. '지식을 얻는 것'이 교육의 목적이자 결과라고 생각해 오지는 않았는지, 고작 첫 계단 앞에서 그토록 아이들을 다그쳐 왔던 것은 아닌지 반성해야 할 대목이다.

지식의 한 단계 위에 있는 '이해'는 학습한 내용을 설명하거나 서술할 수 있는 능력이다. '지식' 단계가 단답형의 문제를 풀기 위한 사고력을 요구한다면, '이해'는 서술형 문제를 위한 사고력을 요구한다. 그러나 여기에서도 주어진 정보를 기억하고 이를 설명할 수 있을 정도의 수준을 요구할 뿐이다. 따라서 이해 단계까지를 모든 사고 과정의 하위 단계로 볼 수 있다. 철학자 칸트Immanuel Kant도 정신력의 하위 개념을 '지식을 소유하는 것'과 그 '이해'라고 말했다. 우리의 교육이 단순한 지식의 암기와 그것을 설명하는 교육을 넘어서야 함을 블룸과 칸트가 공통적으로 강조한 것이다.

'적용', '분석', 종합', '평가'의 단계들은 꾸준한 훈련이 요구된다. 여기에서의 훈련이란, 수학 문제를 많이 푸는 등의 학습 활동만을 의미하지 않는다. 아주 작은 문제부터 스스로 해결해 보는 습관, 일상에서 내가 경험하고 감각한 것을 재해석하여 표현하는 습관, 그리고 자신의 표현을 되돌아보는 습관 등이 그 첫걸음이 될 수 있다. 사고의 영역을 고루 발전시킬 수 있는 훈련은 언제 어디에서든, 어떤 방법으로든 가능하다. 예컨대, 매번 지저분해지는 자신의 책상을 어떻게 하면 효과적으로 정리할 수 있는지, 엄마의 도움 없이 학교 준비물을 챙길 수 있는 방법은 없는지, 아이 스스로 해결책을 찾아보는 작은 노력들로 적용과 분석의 영역을 자극할 수도 있다. 그리고 읽은 책의 주인공이 되어 그의 마음을 그려 보거나 작가가 되어 책의 내용을 각색하는 등의 활동을 통하여 종합과 평가의 능력을 성장시킬 수도 있다. 엄마와 함께라면 그림 그리기도, 글쓰기도 아이에게는 즐거운 놀이가 될 것이다.

엄마의 불안으로 시작된 사교육과 정답만을 위한 선행학습에 대한 기준을 바꾸면 엄마와 아이 모두가 행복한 사교육을 시작할 수 있다. 우리 아이들에게 좋은 교육을 해 주고 싶은 마음은 모든 부모가 다 같을 것이다. 하지만 아이의 개별성과 다양성을 믿지 못한 채 마음만 앞서 욕심을 부리고 있지는 않은지 이따금 되돌아볼 필요가 있다. 남들보다 뒤처지면 어쩌나 불안해하면서 더 좋은 점수, 더 높은 평가만을 좇다 보면, 숲은 보지 못한 채 나무만 보게 될 것이다. 불안한 마음은 다 잡고, 욕심은 잠시 내려놓은 채 '내 아이'가 주인공이 되는 사교육, 엄마의 행복한 사교육을 고민해 보는 것은 어떨까?

엄마의 사교육,
무엇을 선행해야
할까?

"선생님, 우리 아이는 학교 미술 대회에서 매번 상을 타요. 그림에 소질이 있나 봐요."

"선생님, 제가 오늘 우리 반에서 책을 제일 많이 읽었다고 다독상을 받았어요. 우리 반뿐 아니라 우리 학년 전체에서 제일 책을 많이 읽었거든요."

엄마에게나 아이에게나 대회 수상은 기쁜 일이다. 수상의 기쁨을 느껴 본 아이나 아직 한 번도 상을 타 본 적이 없어 갈망하는 아이나 '상'에 대해서만큼은 목표 의식이 강렬하다. 엄마 입장에서는 아이가 하나의 목적에 열의를 가지고 적극적으로 임하는 모습을 보이면 반갑고 고마운 마음이 든다. 그러나 아이가 수상만을 유일한 목표로 설정하는 모습을 보인다면, 엄마가 먼저 경각심을 가져야 한다.

아이의 수상은 엄마에게도 무척 반가운 일이다. '내 아이의 능력이 다른 사람들로부터 인정받을 수 있구나' 싶어 안도감을 안겨 준다. 그러나 초등학교에서 이루어지는 모든 활동의 목표는 결론에 도달하는 것이 아니다. 예컨대, 독서록을 많이 쓴 아이들에게 주는 '다독상'이 목표하는 것은 '최소한 몇 권 이상의 책을 읽어야 한다'는 수치가 아닐 것이다. 다독상으로 독서에 대한 동기를 부여해 독서와 독후 활동에 대한 습관을 기르는 것을 더 중요하게 생각한다. 각종 그림 과제나 글짓기 대회 역시 뛰어난 드로잉 기술을 연마할 수 있는가 혹은 정확한 문장을 쓸 수 있는가를 목표로 하는 것은 아니다. 자신의 감각과 사고를 글과 그림으로 자유롭게 표현해 보는 경험, 그 자체가 대회의 존재 이유일 것이다. 하지만 수상의 달콤함은 이러한 이상적이고 당연한 사실조차 망각하게 만든다.

초등학교 때 이루어지는 모든 활동이 '결과'가 아닌 '과정'이라는 사실을 잊어서는 안 된다. 우리가 아이들에게 해 주고 싶은 행복한 사교육은, 아이 개개인에게 내재되어 있는 빛을 밝히는 교육이다. 아이의 개별성과 다양성을 인정하고 확대하는 교육이라고 할 수 있다. 따라서 상투적인 학교 활동들까지도 아이의 창의력이 발산될 수 있는 '기회'로 적극 활용할 수 있다.

엄마와의 행복한 사교육은 '내 아이'만을 향한다. 아이들의 모습이 저마다 다르듯이 그 접근 방법도 조금씩 달라질 수 있다. 하지만 우리가 초등학교 6년의 시간을 결과가 아닌 과정의 시간, 창의력을 성장시킬 수 있는 기회의 시간으로 바라본다면 중점적으로 선행해야 할 과정이 분명히 존재한다. 이는 아이의 주체적인 사고력과 창의력을 키우기 위한 선행 과제들이다. 하나의 정답을 찾기 위한 선행학습이 아니라, 수많은 해답을 창조하기 위해 선행해야 할 활동들이다.

경험과 대화

자신의 경험을 주관적으로 재해석하고 표현할 수 있는 능력은 대화를 통해서 성장시킬 수 있다. 대화는 아이의 사고를 확장시켜 줄 뿐만 아니라, 공존을 위한 열린 소통의 능력도 키워 준다. 따라서 행복한 사교육의 가장 중요한 전제는 바로 '대화'다.

아이와 매일 하는 것이 대화인데 그것이 그리 중요하냐고 생각할 수도 있다. 그러나 우리가 중시하는 대화의 핵심은 '다양한 관점들의 공유'에 있다. 대화는 일방적인 전달이나 설득의 과정이 아니다. 서로 다른 관점들이 그 자체로 존중받는 소통, 그리고 그 속에서 공감대를 형성해 나가는 과정을 말한다. 교육 현장에서 일을 하다 보면, 엄마와 아이 사이의 대화를 매일 접하게 된다. 놀라운 사실은, 아이들끼리의 대화보다도 부모-자식 간의 대화가 더 일방적인 형태로 이루어진다는 것이다. 엄마가 "오늘 뭐 했어?", "오늘 재미있었어?" 하고 물으면 아이는 "재미있었어" 혹은 "몰라"라고 짧게 대답한다. 엄마들이 좀 더 이야기를 끌고 가고 싶어도 대화는 길게 이어지지 못한다. 엄마의 질문에 아이도 신이 나서 재잘재잘 대답하고, 또 다른 질문과 화두로 화기애애한 대화 분위기를 이어 갈 수 있다면 좋으련만, 대화를 힘들어하는 경우가 예상 외로 많이 있다. 열린 대화의 부재는 대수롭지 않게 여길 문제가 아니다. 따라서 엄마는 질문하는 사람, 아이는 대답하는 사람이 되어 버린 것은 아닌지 스스로 돌이켜봐야 한다.

미국의 저명한 양자물리학자이자 과학과 철학을 넘나드는 사상가이기도 했던 데이비드 봄David Bohm,은 『창조적 대화론On Dialogue』을 통해 대화에 대한 철학적 통찰을 들려준다. 그는 대화의 목적이 "사물을 분석하는 것도, 논의에서 이기는 것도, 의견을 교환하는 것도 아니다"라고 했다. 그에게 대화란 "당신의 의견을 앞에 두고, 그것을 바라보는 것"이다. 대화는 명확하고 일관된 목표를 향하지 않아도 되고, 남을 설득하지 않아도 된다. 그저 "공통 이해를 찾아가는 과정"이 중요할 뿐이다. 이러한 점에서 대화는 토론과 다르다. 토론은 명확한 목적을 가지고 상대방을 설득하기 위한 발화로 이루어진다. 그 때문에 뚜렷한 결론 없이 관점의 다양성이 공유되는 대화와는 그 목적부터 다르다.

우리의 교육 현장에서는 토론 교육의 중요성은 강조되고 있는 반면, 대화의 의미는 축소되고 있다. 상대방을 설득하고 이기기 위한 발화는 가르쳐도 의미를 공유하고 공감대를 형성하는 열린 대화 교육은 찾아보기 힘들다. 그런데도 오늘날의 사회는 점점 더 개방적인 커뮤니케이션 능력을 요구한다. 대화를 통한 엄마의 사교육이 그 어느 때보다도 절실한 시점이다.

행복한 사교육을 위한 열린 대화의 첫걸음은 아이의 관점을 해치지 않고 확장시키려는 노력에서 시작된다. 이를 위해서 엄마는 '네', '아니요'로 대답할 수 있는 폐쇄적 질문이 아니라 사고를 자극하는 확산적 발문에 익숙해져야 한다. 예를 들어, "OO 나라의 수도가 어디지?"라고 묻기보다는 "수도가 무엇일까?", "왜 수도를 만들었을까?"라고 물을 때 아이는 자연스럽게 더 많은 생각을 할 수 있다.

"이 사물과 저 사물은 왜 모양이 다를까?"

"이 문제를 우리가 어떻게 해결할 수 있을까?"

"저 사람의 행동을 이해할 수 있니? 이해가 된다면 어떤 점이 이해가 되니? 이해가 되지 않는다면 그 이유는 무엇일까?"

"너라면 어떻게 했을까?"

"왜 이런 일이 생겼을까?"

이러한 확산적 질문 속에서 아이는 스스로 사고하는 힘을 기를 수 있다. 자신의 관점이 존중받는 열린 대화 속에서 주체적인 시각으로 세상을 바라볼 수 있는 것이다.

간혹 수업 시간에 이루어진 아이들의 결과물을 보고 놀라는 어머니들을 만날 때가 있다. "우리 애가 이런 생각을 했어요?", "우리 애가 이런 말도 할 줄 알아요?" 하고 놀라워하는 어머니들에게 아이와 수업 시간에 나눈 대화의 내용을 설명하면 대체로 '집에서 보여 주는 모습과 많이 다르다'는 반응을 보인다. 그러나 아이가 수업 시간에만 갑자기 달라질 리 만무하다. 그저 아이에게 이미 내재되어 있던 창의적인 생각과 자유로운 접근을 보여 줄 기회가 집에서는 없었을 뿐이다. 즉 아이의 사고를 자극할 확산적 질문을 만나지 못했던 것이다.

아이는 매 순간 수많은 경험을 한다. 그러나 아이 스스로 자신이 보고 듣고 느낀 세상을 주관적으로 해석하고 재창조할 수 있는 힘을 기르기 위해서는 분명 열린 대화가 필요하다. 관습적인 표현으로 아이만의 경험이 가려지지 않도록, '나'의 감각과 사고와 관점에 집중할 수 있도록 확산적 질문을 던져야 한다. 아이는 열린 대화와 확산적 질문 속에서 자신 가치를 발견하게 될 것이다. 자기 생각에 대한 자신감도 얻을 것이다. 상대방이 나의 이야기에 귀를 기울이고 있는 것처럼 다른 사람의 이야기도 열린 마음으로 듣게 될 것이다. 대화는 또 하나의 놀라운 경험이다.

공감과 자의식

공감 능력을 키우는 교육은 아이의 자의식을 건강하게 만든다. 얼핏 공감과 자의식의 상관관계가 와 닿지 않을 수도 있다. 그러나 공감은 아이가 자의식을 형성하는 과정에 지대한 영향을 미치는 활동이다.

우리는 모두 관계 속에 존재한다. 다른 사람을 통해 자신을 발견하고, 관계를 통해 획득한 눈으로 또 다시 세계를 들여다본다. 우리는 모두 관계의 그물망 위에 촘촘히 얽혀 있는 셈이다. 오늘날 인간의 존재 이유가 무엇이냐고 묻는다면 바로 '관계'에 있다고 대답할 수 있을지도 모르겠다. 게다가 SNS 문화, 소통의 화두, 스마트폰 메신저 문화 등과 같은 최근의 다양한 사회적 현상들은 '관계 속 인간'의 의미가 점점 더 강조되고 있음을 반증한다. 이제 '공감'은 시대적 요구이기도 한 것이다.

인간이 관계 속에서 존재하고 성장한다면, '관계를 언제 누구(무엇)와 어떻게 맺는가'는 결국 자기 자신을 규정하는 문제와 맞닿을 수밖에 없다. 예컨대 부모로부터 존중과 사랑을 받으며 긍정적인 관계 속에서 자신을 형성한 아이는 분별 없이 자의식을 내던지거나 맹목적이고 폭력적인 관계에 빠져드는 일은 적을 것이다. 하지만 차별받고 소외당하며 자란 아이들은 자존감이 낮고 무력한 모습을 보일 위험이 크다. 따라서 다양한 관계 속에서 공감을 얻기도 하고 스스로 다른 사람에게 공감하는 경험을 많이 가지는 것은 건강한 자의식을 형성할 수 있도록 만든다. 그뿐만 아니라 주변의 세계와 사회에 대해 열린 마음을 가질 수 있게 한다.

아이들은 언제 어떻게 변하고 성장할지 예측할 수 없을 정도로 민감하고 유연하다. 마치 말랑말랑한 찰흙 덩어리 같다. 흙의 양감과 질감을 느끼고 보듬는 손을 만나면 그것은 아름다운 예술작품이 될 수 있다. 하지만 흙의 본질을 무시하며 제멋대로 놀리는 손 안에서는 그저 울퉁불퉁한 덩어리가 될 뿐이다. 아이들은 세상에 대해 이토록 민감하고 유연하게 반응하고 사고한다. 그 때문에 다양한 공감의 경험은 주변 세계와 사회에 대한 유대감을 가지게 하며, 더 넓은 세상을 열린 마음으로 폭넓게 이해할 수 있도록 도와준다. 공감의 경험이 확대되는 만큼 아이들의 사고 영역도 확장되는 것이다.

독서는 성숙한 공감 능력을 키울 수 있는 가장 좋은 방법 중 하나다. 하지만 그저 많은 책을 읽는 것만으로는 공감 훈련이 될 수 없다. 얼마나 많은 책의 줄거리를 정확하게 알고 있는가는 결코 중요하지 않다. 우리가 강조하는 독서 교육은 다독을 목표로 하지 않는다. 단 한 권의 책으로도 깊은 공감의 정서를 경험하도록 이끄는 데 목표가 있는 것이다. 책의 주인공이 되어 보거나 그 주인공의 눈으로 사건을 바라보기도 하고, 작가의 시선으로 나를 돌이켜 보기도 해야 한다. 학교 독서 감상화 그리기와 감상문 쓰기를 기회삼아 이처럼 다양한 독후 활동을 제안하는 이유 역시 공감하는 아이가 되기 위한 것이다. 엄마와 함께 대화하는 공감 독서 교육이야말로 아이의 생각과 정서를 아름다운 예술작품처럼 빛나게 해 줄 것이다.

자기 표현력

"선생님, 어떻게 해요?"

아이들과 보낸 10년이 넘는 시간 동안 수업을 하면서 가장 많이 들어본 질문이다. 놀랍게도 특정한 주제나 방법이 정해져 있지 않을 때, 이와 같은 질문을 훨씬 더 빈번하게 받는다.

"뭐부터 해요?"

"무슨 색으로 칠해요?"

"이렇게 해도 돼요?"

"이렇게 하는 거 맞아요?"

마음껏 표현할 수 있는 자유를 앞에 두고도 이를 즐기지 못하는 아이들을 보면서 가슴이 답답했던 적이 한두 번이 아니었다. 규율과 규제에만 길들여져 버린 것은 아닌지, 정답만을 요구하는 현실에 너무 젖어 버린 것은 아닌지 안타깝고 속상했다.

생각보다 많은 아이들이 자기 자신을 표현하는 데 서툴다. 감정 표현에 인색한 문화 때문인지, 잘해야 된다는 부담 때문인지 많은 아이들이 자유롭고 솔직하게 자신을 발산하지 못한 채 어딘가 있을지도 모를 정답을 찾으려 애쓴다. 표현의 해답이 바로 자기 자신에게 있다는 것도 모른 채 말이다.

표현은 아이 스스로 자신을 발견하고 바로 볼 수 있게 한다. '나는 누구인가'를 발견하고 사고할 수 있도록 만들어 주는 것이다. 따라서 남들과는 다른 나만의 창의력을 스스로 발견할 수 있도록 해 준다. 실제로 수업 중에 '너만의 이러한 표현은 정말 특별하다'고 칭찬해 준다거나 아이가 직접 자기만의 표현을 찾을 수 있도록 유도하면 아이들의 태도가 무척 달라지는 것을 자주 경험할 수 있다. 언젠가 자기는 '사람을 못 그린다'며 자신 없어 하던 한 아이에게 "네가 그린 스틱맨은 정말 재미있게 움직이네", "선생님은 이런 사람 그림은 한 번도 본 적이 없는데?"라며 매 수업마다 격려를 해 준 적이 있다. 처음에는 '거짓말 하지 말라'며 곧이 듣지 않던 아이가 시간이 지날수록 사람 그리는 것을 즐거워하기 시작했다. 심지어 인물 표현에 자신감까지 보였다. 그러자 놀랍게도 아이의 그림에 독창적인 개성이 강하게 드러나기 시작했다. 아이는 표현을 통해서 남들과는 비교할 수 없는 자기만의 무기가 무엇인지 알게 된 것이다. 자신이 무엇을 잘하는지, 어떤 스타일을 좋아하는지 찾게 되었고, 나아가 그 영역을 더 발전시키고 확장하기 위해서는 어떻게 해야 할 것인가를 고민하면서 진짜 자기 표현력을 가지게 되었다.

『장미의 이름』의 작가 움베르토 에코Umberto Eco는 글쓰기를 일종의 "다른 사람에게 무엇인가를 주기 위한 사랑의 행위"라고 정의했다. 그는 사람들이 "무엇인가 소통하기 위해서", "다른 사람들과 감정을 나누기 위해서" 글을 쓴다고 생각한다. 그의 생각처럼 자기 표현이란 생각과 감정의 해방에만 그치지 않는다. 그것은 타인에게 손을 내밀고 말을 거는 행위다. 따라서 자기 표현은 숨어 있는 '나'를 발견할 수 있게 하는 동시에 커뮤니케이션 능력을 길러 준다.

표현이란 내 안의 개념과 생각뿐 아니라, 비언어적 감각과 감정까지도 다른 사람에게 드러내는 행위다. 이때 표현의 도구는 무엇이든 상관없다. 글이나 그림이 될 수도 있고, 음이나 움직임이 될 수도 있다. 아이들은 표현을 통해 개인적인 영역을 공적인 영역으로

끌어올리는 경험을 하게 된다. 그리고 이 과정에서 두루뭉술하게 갇혀 있던 나를 다른 사람에게 어떻게 전달할 수 있을지 고민한다. 자신의 표현이 타인과 대화할 수 있는 방법을 강구하게 된 것이다. 사소하게 여기기 쉬운 그림일기 쓰기나 주제 그림 그리기, 체험학습 보고서 쓰기와 같은 학교 과제까지도 소홀하게 지나칠 수 없는 이유가 바로 여기에 있다.

YEARLY PLAN

3 MARCH	**4** APRIL / **5** MAY	**6** JUNE	**7** JULY / **8** AUGUST
그림일기 쓰기 그림일기는 소소한 일상도 확장할 수 있는 힘을 길러 줍니다.	**과학상상화와 발명품 대회** 과학상상화와 발명품 대회는 열린 상상의 힘을 길러 줍니다.	**주제 그림 그리기** 주제 그림 그리기는 같은 주제 앞에서도 다르게 표현할 수 있는 힘을 길러 줍니다.	**여름방학 체험학습 보고서 쓰기** 체험학습 보고서는 창의적인 경험을 가능하게 합니다.
9 SEPTEMBER	**10** OCTOBER	**11** NOVEMBER / **12** DECEMBER	**1** JANUARY / **2** FEBRUARY
독서 감상문 쓰기 독서 감상문은 '나'를 중심으로 책을 읽을 수 있도록 도와줍니다.	**독서 감상화 그리기** 독서 감상화는 책을 새롭게 발견하는 과정입니다.	**엄마가 할 수 있는 선행학습** 아이의 과제가 적은 틈을 타, 엄마도 공부할 시간을 가져 봅시다.	**아이와 함께하는 시간** 학교 과제로 아이와 함께 직접 수업을 만들어 나갈 수 있습니다.

1월 · 2월

아이와
함께하는 시간

1월과 2월은 엄마와 아이, 모두를 위한 시간입니다.
이제 곧 시작될 새 학년, 새 학기.
내년에도 반복될
기본적인 학교 과제들을 활용하여
아이의 창의성까지 확장할 수 있는
수업들을 함께해 봅시다.

Check point!

- 엄마는 아이가 '아이용' 질문들을 풀어가는 과정을 관심 있게 지켜봐 주세요.
- '엄마용' 가이드에 제시되어 있는 단계별 추가 질문들을 참고하여 아이의 생각을
  보다 세심하게 물어봐 주세요.
- 아이가 자신의 생각을 구체적으로 표현할 수 있도록 풍부한 대화를 이어 나가세요.
- 아이가 글과 그림으로 자신의 생각과 느낌을 정리하고 표현할 수 있도록 도와주세요.
- 절대로 엄마 머릿속의 정답을 강요하지 마세요.

그림일기를 통해
남과 다른 우리 아이만의
표현을 찾아 보자

아이가 자신이 보고 듣고 느낀 것을 자기만의 시각으로 드러내기 위해서는 부단한 표현 훈련이 필요하다. 글과 그림을 모두 사용하여 경험을 재구성할 수 있는 그림일기는 독창적인 표현력을 훈련하기에 아주 좋은 방법이다. 그림일기를 잘 활용하여 아이가 자기 자신의 경험에 온전히 집중할 수 있도록 해 보자. 남들과는 다른 자신만의 자유롭고 독특한 표현을 찾아 나갈 수 있을 것이다.

학교에서 수박 따기 놀이를 재미있게 했다며 자신 있게 오늘의 일기를 쓴 상훈이. 하지만 일기에는 수박 따기 놀이에 대한 설명만이 주를 이루고 있었다. 그림에도 줄을 서서 걸고 있는 아이들이 그려져 있을 뿐, 신나고 즐겁게 놀았던 상훈이의 감정은 도통 보이지 않았다. 일기의 주인공은 수박 따기 놀이가 아니라 상훈이어야 한다. 자신이 체험하고 느낀 것들을 고스란히 담을 수 없을까? 상훈이가 했던 수박 따기 놀이에 대해 조금 더 이야기를 나누었다.

"상훈아, 수박 따기 놀이가 그렇게 재미있었어? 엄마는 안 해 봐서 잘 모르는데……, 걸어 다니면서 하는 거야?

"엄마는 안 해 봤어? 아주 재미있어. 걷기만 하면 잡혀. 안 잡히려면 막 뛰어야 해."

"정말? 상훈이는 누가 쫓아왔어?"

"정우가 빨리 쫓아와서 잡힐 뻔했어. 애들이 빨리 도망치라고 막 소리 질러서 겨우 도망쳤어."

"우와, 정우가 그렇게 빨리 도망쳤어? 근데 얼마나 빨리 뛰었길래 안 잡혔어? 대단한데~"

"엄청 빨리 뛰었지. 땀이 막 났어."

"힘들지 않았어?"

"조금 힘들었어. 근데 잡힐까 봐 가슴이 두근두근했어. 내가 꾹 참고 또 막 뛰어서 안 잡혔어."

"그렇구나. 그럼 그 두근두근했던 마음을 일기에 조금 더 표현해 볼까? 상훈이 일기는 상훈이의 마음이잖아."

Before

2015년 7월 13일 월요일
수박 따기 놀이
수박따기 놀이는 상대편끼리 팔
로 잡힐때 상대편에 맨
뒤에 가는 놀이다. 그래서
나는 안 잡 혔다. 정말
다행이었나. 아주 신나고 즐거웠다.

After

"상론아! 빨리 잡어~!!!"
내가 힘이빠져서 느리게 가
니까 제일 가 ~에 섰리쳐~
상대편이 바짝 쫓아오고있었다
나는 우리 팀이 잡힐까봐 가슴이
두근 두근 했다. 그래서
나는 생각하고 ~뛰었다.

소금 힘이 ~~ 서있 ~
힘~ 다행이 우리 팀은
잡히지 않 았다.

그림일기 | 아이용

여러분의 일기는 곧 여러분의 마음입니다. 일기를 내가 나에게 쓰는 편지라고 생각해도 좋아요. 오늘 하루를 정리하는 이 시간에 여러분은 여러분 자신에게 어떤 이야기를 해 주고 싶은가요? 하루 동안 내가 겪은 일들은 나에게 무슨 느낌을 주었나요? 또 어떤 생각을 가지게 했나요?

그림일기 | 엄마용

부모님들은 아이들이 일기 정도야 쉽게 쓸 수 있을 것이라고 생각합니다. 하지만 아이들에게는 일기조차도 막막할 수 있어요. 특별한 일을 써야 한다는 강박이 있을 수도 있고, 하루에 일어났던 모든 일을 다 담아야 한다고 생각할 수도 있습니다. 아이가 일기에 대한 부담을 버릴 수 있도록 해 주세요. 그리고 아이와 함께 이야기를 나누면서 아이가 생생한 주제를 찾도록 도와주세요. 주제가 구체적으로 재구성되면, 그에 대한 느낌도 풍부해질 것입니다.

오늘의 놀이에 대한 일기를 써 볼까요?

아이용

1. 오늘은 누구와 무엇을 하며 놀았어요? 놀이의 방법도 자세하게 설명해 주세요.

2. 놀이를 하면서 어떤 소리들을 들었나요? 특별한 냄새가 나지는 않았나요? 몸에 닿는 느낌은 어땠어요?

엄마용

1. 놀이의 방법과 상황에 대해서 최대한 구체적으로 설명할 수 있도록 다양한 질문을 던지세요. 엄마의 질문으로 아이의 경험은 구체적으로 재구성될 것입니다.

   • 무슨 놀이를 하고 놀았어요?
   • 그 놀이는 어떤 방법으로 하는 거예요? (그 놀이에 대해 알고 있더라도 아이에게 설명을 부탁해 보세요. 아이가 좋아하며 설명해 줄 거예요.)
   • 놀면서 재미있는 일들은 없었어요? 아니면, 특별한 일은 없었나요?
   • 친구들과는 무슨 얘기를 했어요?

2. 놀이를 하면서 느낀 감각들을 자세하게 떠올릴 수 있도록 놀이의 성격에 맞추어 구체적인 질문들을 주세요. 아이가 '오감'을 모두 떠올릴 수 있도록 유도해 주는 것이 중요합니다.

   • 놀면서 어떤 소리들을 들었어요?
   • 시끄럽지는 않았어요?

・혹시 전에 못 들어본 새로운 소리를 듣지
　는 않았나요?
・아이들이 노는 소리는 어떻게 들려요?
・춥거나 덥지는 않았어요? 땀이 나지는 않
　았나요?
・무엇인가를 만졌다면 그 느낌이 어땠어요?
・그곳에서 어떤 냄새가 나지는 않았나요?

3. 놀이를 하면서 어떤 기분이었어요? 놀이를
　마치고 나서 어떤 생각이 들었어요?

3. 아이가 놀이를 하면서 느낀 감정들을 표현
　할 수 있도록 도와주세요. 만약 '재미있었
　다' 정도의 표현에만 머문다면 색이나 표
　정, 사물이나 도형, 질감 등으로 표현할 수
　있도록 유도해 보는 것도 좋습니다.

・놀이를 하면서 어떤 기분이 들었어요?
・그때 느낀 기분을 색으로 표현해 본다면,
　어떤 색이에요?
・친구들과 어떤 표정을 짓고 있었던 것 같
　아요?
・친구들은 어떤 기분이었던 것 같아요?
・다 놀고 나니까 어떤 생각이 들었어요?
・다음에는 또 어떻게 놀고 싶나요?

오늘의 날씨에 대한 일기를 써 볼까요?

아이용

1. 오늘 날씨는 어땠어요?

2. 오늘 날씨 때문에 어떤 일들이 생겼나요? 오늘 같은 날씨에는 어떤 풍경들을 볼 수 있었어요? 어떤 소리가 들렸나요? 무슨 냄새가 나나요?

예) 바람이 살랑살랑 불어서 (머리카락이 얼굴을 간지럽혔어요)

바람이 불어서 (   )
바람이 세게 불어서 (   )
바람이 살랑살랑 불어서 (   )

엄마용

1. 아이는 대체로 '맑아요', '비가 왔어요', '바람이 불었어요', '눈이 왔어요' 정도의 간단한 현상을 이야기할 것입니다. 아이들의 그림일기에서 날씨는 일기의 주제가 아니라 날짜처럼 부수적인 요소이니까요. 하지만 일기의 소재조차 되지 못할 것 같았던 날씨를 주제로도 멋진 일기를 쓸 수 있습니다. 날씨처럼 소소한 일상을 주제로 일기를 쓰도록 유도해 보세요. 특별한 일만이 일기의 주제가 될 수 있다는 생각이 금세 바뀌게 될 것입니다.

2. 날씨 때문에 생기는 현상들과 날씨에 대한 감각을 구체적으로 서술할 수 있도록 도와주세요. 특히 아이의 '오감'을 자극하는 질문을 던져 주는 것이 좋습니다. 이 과정은 '맑은 날씨'가 아니라 '맑아서 파란 날씨', '맑아서 소풍 가기 좋은 날씨', '맑아서 노랗게 따뜻한 날씨' 등과 같은 감각적인 표현으로 이끌어 줄 수 있습니다.

• 오늘 하늘이 어떤 색이었어요?
• 오늘 날씨는 따뜻했어요? 차가웠어요?

예) 날씨가 맑아서 (하늘이 파랗게 보였어요)

날씨가 맑아서 (　　　　　　　　)
햇빛이 따뜻해서 (　　　　　　　　)
햇빛이 뜨거워서 (　　　　　　　　)

예) 비가 많이 와서 (길에 웅덩이가 생겼어요)

비가 보슬보슬 와서 (　　　　　　　)
비가 주룩주룩 와서 (　　　　　　　)
천둥번개에 비바람이 몰아쳐서 (　　　　　)

피부에 어떻게 느껴졌어요?

- 오늘 날씨 때문에 나무들은 어떤 색으로 보였나요? 나뭇잎들은 어떻게 움직였어요? 나뭇잎들은 어떤 소리를 내었나요?
- 오늘 날씨 때문에 사람들은 어떻게 행동했어요?
- 오늘 같은 날씨에는 뭐가 하고 싶어요?
- 오늘 같은 날씨에는 뭐가 먹고 싶어요?
- 오늘 같은 날씨에는 어떤 냄새가 나요?
- 오늘의 날씨를 색으로 표현해 본다면 어떤 색이에요?
- 오늘의 날씨를 음악이나 소리로 표현해 본다면, 어떤 음악 혹은 소리가 떠올라요?

3. 오늘 날씨 때문에 어떤 기분이 들었어요? 여러분의 마음을 표현해 주세요.

예) 바람이 살랑살랑 불어서 (기분이 날아갈 것 같았어요)

바람이 불어서 (　　　　　　　　)
바람이 세게 불어서 (　　　　　　　)
바람이 살랑살랑 불어서 (　　　　　　)

예) 날씨가 맑아서 (내 마음도 환한 미소를 지었어요)

날씨가 맑아서 (　　　　　　　　)

3. 아이가 날씨로 인해 어떠한 감정을 느꼈는지 표현할 수 있도록 해 주세요. 감정 언어가 부족하면 색이나 표정, 사물이나 도형, 질감 등을 이용해서 표현할 수 있도록 유도해 주세요.

- 오늘 날씨 때문에 기분이 어땠어요?
- 오늘 날씨 때문에 OO의 마음이 어떻게 바뀌었어요?
- 오늘 날씨 때문에 OO의 기분은 무슨 색이 되었어요? 마음은 어떤 모양이 되었나요?
- 오늘 날씨는 어떤 표정을 지어 보였어

햇빛이 따뜻해서 (   )

햇빛이 뜨거워서 (   )

예) 비가 많이 와서 (내 마음도 온통 보라색이 되었어요)

비가 보슬보슬 와서 (   )

비가 주룩주룩 와서 (   )

천둥번개에 비바람이 몰아쳐서 (   )

요? 하늘이 웃고 있었나요? 찌푸리고 있었나요?

• 오늘 날씨를 손으로 잡을 수 있다면 어떤 느낌일까요?

아이와
함께하는 시간

다양한 표현법을 통해 주제가 있는 그림을 그려 보자

그림의 완성도는 완벽한 채색에 따라 결정되는 것이 아니다. 그림의 주제가 잘 드러나는지, 그리고 그 주제에 대한 아이 고유의 생각과 감정이 효과적으로 표현되었는지가 그림의 완성도를 판가름하는 척도다. 그림 안에 자신의 주제를 담기 위해서는 풍부한 표현력을 길러야 한다. 하지만 아이들은 그림을 그리면서 별 생각 없이 관습적인 표현들을 답습하기 쉽다. 남들과 똑같은 표현들을 습관처럼 반복하다 보면, 주제는 물론 아이의 개성도 잃게 된다. 다양한 표현법들을 통해서 자신의 주제를 효과적으로 드러낼 수 있도록 도와주자. 자유로운 표현은 아이의 창의성에 날개를 달아 줄 것이다.

학교에서 좋아하는 계절을 주제로 그림을 그렸다며 종이 한 장을 쑥 내미는 지호. 누구보다도 눈을 좋아하는 아이이기에 예상대로 겨울을 주제로 그림을 그렸다.

눈사람과 눈싸움. 예상을 한 치도 벗어나지 않는 지호의 그림이 어딘지 아쉬웠다. 지호는 눈 쌓인 시골이나 눈썰매장을 데리고 가면 하루 종일 정신 없이 노는 아이다. 아마 그림처럼 눈사람도 만들 수 있고, 눈싸움도 실컷 할 수 있을 만큼 함박눈이 쌓였다면 좋아서 어쩔 줄 몰랐을 것이 뻔하다. 그런데도 그림 속에는 눈이 좋아 겨울을 사랑하는 지호만의 마음을 찾아볼 수가 없었다.

"지호는 '겨울' 하면 어떤 느낌이 들어? 엄마는 좀 쓸쓸한 느낌이 드는데."

"난 재미있는 느낌도 있고, 떨리는 느낌도 있어."

"그래? 그럼 한번 생각나는 느낌들을 엄마랑 같이 적어 볼까?"

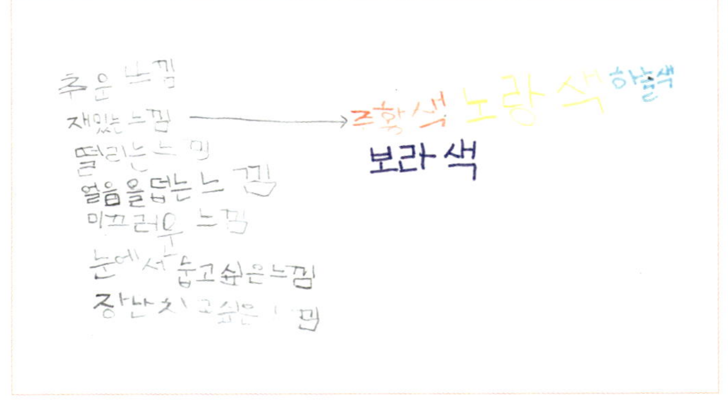

"지호가 쓴 느낌들 중에 어떤 느낌을 그림으로 그려 볼까?"

"난 재미있는 느낌!"

"그래? 신나겠다! 그럼 재미있는 느낌 하면 떠오르는 색이 있어?"

지호는 '재미있는 느낌' 옆에 화살표를 쭉 긋더니 '주황색, 노란색, 하늘색, 보라색'이라고 적었다.

"아까 지호가 그린 눈싸움 그림에 지호가 고른 재미있는 느낌을 더해 보는 거야."

"정말? 근데 어떻게 재미있게 그려?"

"아까 지호가 생각나는 색을 골랐지? 그 색들을 한번 이용해 볼까?"

지호는 자기가 그린 그림을 가만히 보더니 왼손에 주황색, 노란색, 하늘색, 보라색 색연필을 쥐고 하나씩 꺼내 하늘을 칠하기 시작했다.

"우와, 멋지다. 하늘도 사람도 신나고 재미있어 보여!"

주제와 표현 | 아이용

그림을 그리면서 마음대로 표현되지 않아서 속상했던 적이 있나요? 아니면 늘 똑같은 방법으로만 그림을 그리지는 않나요? 나의 그림은 나만의 세상입니다. 내가 본 세상, 나만의 생각, 비밀스러운 나만의 느낌도 그림을 통해서라면 마음껏 펼쳐 보일 수 있어요. 하지만 나의 세상을 더 멋지게 그리기 위해서는 다양한 표현력이 필요합니다. 늘 똑같은 방법에서 벗어나 자기만의 표현 방법을 찾아봅시다. 나만 할 수 있는 표현, 남들과는 다른 비법을 만들어 봅시다. 그 누구와도 다른 나만의 세상을 자유롭게 그려 보고 싶지 않나요?

주제와 표현 | 엄마용

주제가 있는 그림을 그리기 위해서는 관습적인 표현에서 벗어나야 합니다. 아이가 늘 습관적으로 그리던 형태, 똑같이 사용하던 색이 있다면 여기에서 벗어날 수 있도록 도와주어야 합니다. 관찰의 경험을 자극하고, 다양한 표현 방법들을 보여 주는 것이 도움이 될 것입니다. 색이나 구도 등의 조형 요소들을 활용할 수 있는 방법을 제시하는 것도 좋습니다. 그러나 무엇보다도 대화를 통해 주제를 구체화하는 것이 중요합니다. 그림은 소질이 있어야 잘 그릴 수 있는 것이 아닙니다. 그림은 표현입니다. 아이가 표현하고 싶은 이야기를 풍부하게 만들어 주세요. 그리고 아이가 자신의 감각을 더욱 자유롭게 표현할 수 있도록 도와주세요.

좋아하는 계절을 그려 볼까요?

아이용

1. 자신이 제일 좋아하는 계절은 언제인가요? 좋아하는 이유는 무엇인가요?

2. 좋아하는 계절을 떠올리면 어떤 장면이 떠오르나요? 떠오르는 소리나 냄새, 맛은 없나요?

엄마용

1. 계절이라는 큰 화제에 대한 아이만의 주제를 구체적으로 이끌어 내야 합니다. 아이가 그림으로 표현하고 싶은 계절의 이야기가 무엇인지 질문해 주세요. 그렇지 않으면 봄=꽃, 여름=바다, 가을=낙엽, 겨울=눈의 공식에서 벗어나기 어렵습니다. 그 계절을 좋아하는 이유, 그 계절에 겪었던 일 중 기억에 남는 일 등을 구체적으로 질문해 주세요.

- 그 계절을 특별히 좋아하는 이유가 있나요?
- 그 계절에 있었던 일 중에서 기억에 남는 일이 있나요?
- 그 계절에는 무엇을 하고 싶어요?
- 그 계절에만 할 수 있는 일이 특별히 있나요?

2. 아이가 좋아하는 계절에 대한 전체적인 이미지를 보다 감각적으로 구체화할 수 있도록 자세하게 질문해 주세요. 특히 아이의 오감을 자극할 수 있는 질문을 고루 하세요. 말로만 대답한 것을 직접 써서 정리할 수 있도록 하면, 그림을 그릴 때 많은 도움이 됩니다.

• 하늘은 어떤 모습인가요? 또 어떤 색인가요?
• 그 계절에 나무는 어떤 모습이에요? 또 어떤 색인가요?
• 그 계절에는 사람들의 옷차림이 어떤가요?
• 거리의 모습은 어떤가요?
• 그 계절에 친구들과 어떤 놀이를 하나요?
• 그 계절의 바람 속에는 어떤 냄새가 나는 것 같나요?
• 그 계절에 먹으면 특별히 맛있게 느껴지는 음식이 있나요? 어떤 맛이에요?
• 그 계절의 바람은 어떤 색과 어울리나요?
• 그 계절에는 어떤 소리가 나요?
• 그 계절은 따뜻한가요? 추운가요? 계절의 공기가 피부에 닿는 느낌이 어때요?

3. 좋아하는 계절을 떠올리면 기분이 어때요? 그 기분은 어떤 색과 모양으로 표현할 수 있을까요?

3. 그림 속에는 다양한 감정을 표현할 수 있습니다. 하지만 아이들은 추상적인 감정을 이미지로 표현하는 데 익숙하지 않기 때문에 어려움을 느낄 수 있습니다. 그럴 때는 색이나 선, 도형 등을 빌려 표현할 수 있도록 유도해 보세요. 훨씬 더 풍부한 표현력을 키울 수 있습니다.

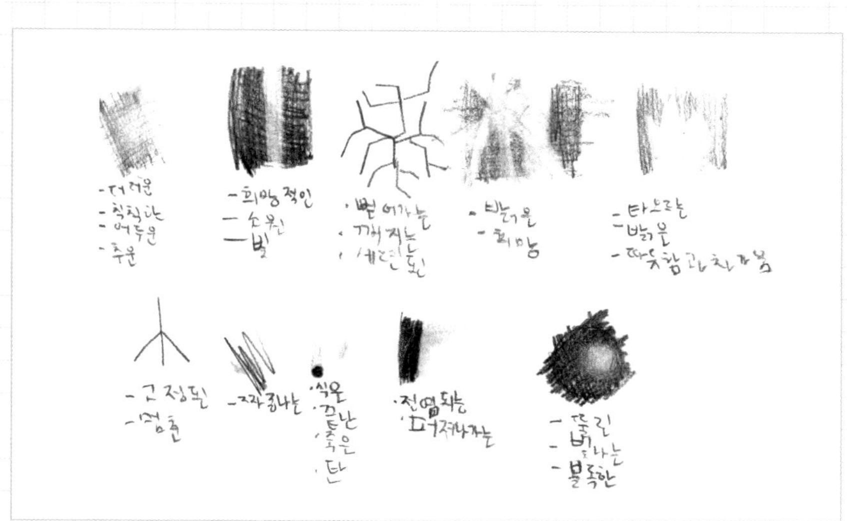

아이와 함께 다양한 감정이나 감각을 선이나 도형으로 표현하는 놀이를 해 보세요. 그림을 통해 자유롭게 자신을 표현하는 재미를 느낄 수 있을 것입니다.

재미있었던 일을 그려 볼까요?

아이용

1. 자신이 경험했던 일 중 재미있었던 일을 그려 볼까요?

Q. 재미있었던 일을 그리고 어떤 일을 그린 것인지 한 문장으로 써 보세요.

엄마용

1. 경험화는 초등학교 아이들 그리기 활동의 주를 이룹니다. 아이들에 익숙한 활동인 만큼 별 생각 없이 그리기 십상이죠. 늘 그리는 경험화 속에서 자신의 주제를 효과적으로 드러낼 수 있도록 도와주세요. 다양한 방법들이 있지만, 특히 구도를 잘 활용하면 쉽게 주제를 강조할 수 있습니다.

Q. 재미있었던 일을 그리고 어떤 일을 그린 것인지 한 문장으로 써 보세요.

• 아래의 예시는 8살 지유가 '공원에서 아빠와 나비를 본 일'을 주제로 그린 그림입니다. 각 단계마다 구도를 달리하여 그린 지유의 그림을 참고하여 아이의 그림을 살펴보세요. 주제 중심의 구도를 찾기 위해서는 그림의 어떤 부분을 강조하고 싶은지 찾아 나가야 합니다.

아빠가 나비를 잡으러 갔어요.

Q. 위의 그림에서 강조하고 싶은 부분을 확
대하고 나머지는 뒤에 작게 그려 보세요.

Q. 위의 그림에서 강조하고 싶은 부분을 확
대하고 나머지는 뒤에 작게 그려 보세요.

· 어떤 부분이 제일 중요한가요?
· 강조하고 싶은 부분을 종이의 어디에 그
리면 좋을까요?

아빠가 나비를 발견했어요.

Q. 한 부분을 조금 더 확대하여 그려 봐요.
그때의 상황이 더 생생하게 느껴질 거예요.

Q. 한 부분을 조금 더 확대하여 그려 봐요. 그
때의 상황이 더 생생하게 느껴질 거예요.

· 일어났던 일을 전부 다 설명하려고 하지
않아도 좋아요. 꼭 그리고 싶은 부분만 그
려 봐요.
· 확대해서 그린 부분만큼은 조금 더 자세
하게 그려 봐요.

Q. 한 부분을 조금 더 확대하여 그려 봐요.
그때의 상황이 더 생생하게 느껴질 거예요.

Q. 한 부분을 조금 더 확대하여 그려 봐요.
그때의 상황이 더 생생하게 느껴질 거예요.

• 일어났던 일을 전부 다 설명하려고 하지
않아도 좋아요. 꼭 그리고 싶은 부분만 그
려 봐요.
• 확대해서 그린 부분만큼은 조금 더 자세
하게 그려 봐요.

2. 좀 더 생동감 넘치는 그림을 그려 볼까요?
   그림의 주제가 되는 인물의 표정이나 배경
   이 되는 주변 환경을 다양한 형태로 표현
   해 봅시다.

2. 주제가 되는 인물의 표정, 배경 표현 등이
   다양하면 그림이 훨씬 풍부해집니다. 나무
   나 집같이 늘 똑같은 방법으로 그리는 대
   상이 있다면 직접 관찰하여 그려 보는 것
   도 방법입니다. 풍부한 색감을 위해서는 당
   시의 계절과 시간, 느낌 등을 구체적으로
   물어보세요.

- 그때 어떤 표정을 짓고 있었나요?
- 사람들은 어떤 표정을 지었어요?
- 날씨는 어땠어요?
- 하늘은 어떤 색이었어요?
- 빛은 어떤 색으로 우리를 비추고 있었나
  요?
- 나무들은 어떤 색이었나요?
- 바람이 불거나 비가 왔나요?
- 그날은 따뜻했나요? 추웠나요? 어떤 느
  낌이었나요? 그 느낌은 어떤 색으로 표현
  할 수 있을까요?

늘 똑같이 그리던 대상이 있다면 직접 관찰하여 그릴 수 있도록 유도해 주세요.
다양한 표현이 가능하다는 사실을 경험하는 것만으로도 표현의 범위가 달라집니다.

지극히 일상적인 소재일수록 관찰을 통한 '다시 보기'의 과정이 없으면 새롭게 표현하기가 어렵습니다.

3. 자신의 그림을 보면서 그림에 그려진 재미 있었던 일을 설명해 볼까요? 최대한 자세 하게 이야기해 주세요.

3. 자신의 그림을 다시 한 번 글로 묘사하도록 해 주세요. 이때 눈에 보이는 그림 속 대상 만을 나열하지 않도록 오감을 자극하는 질 문을 계속해서 던져 주세요. 엄마가 그림에 대해서 각별한 관심을 가지고 다양한 질문 을 해 준다면, 아이는 신이 나서 더 많은 이 야기를 해 주고 싶어 할 것입니다. 이는 곧 풍부하고 다양한 표현으로 이어질 거예요.

• 이 사람은 왜 이런 표정을 짓고 있어요?
• 하늘은 왜 이런 색이에요?
• 이때 기분이 어땠어요?
• 이때 어떤 소리가 났어요?
• (무엇인가를 먹었다면) 그 맛은 어땠어 요? 씹을 때 느낌은 어땠어요?
• 이 일이 있을 때 공기에서는 어떤 냄새가 났어요?

생활 속
작은 관찰을 통해
문제 해결 능력을 키우자

문제 해결 능력은 다양한 해답에 열려 있는 문제에 대하여 스스로 그 풀이를 창조할 수 있는 능력이다. 다양한 해답을 찾아가기 위해서는 다각도로 문제에 접근하는 노력을 기울여야 한다. 하지만 하나의 정답에만 익숙해져 있는 아이들은 이 과정을 막막하고 어렵게 느낀다. 따라서 생활 속 작은 관찰을 통해서 대상에 다각도로 접근하는 습관을 기르는 것이 좋다. 아이들이 호기심을 가지고 스스로 열린 해답을 찾아 나갈 수 있도록 도와주자.

"엄마, 엄마 어렸을 때도 휴대전화가 있었어?"
텔레비전에서 휴대전화 광고가 나오는 것을 본 아이가 물었다.
"없었지."

"정말? 그럼 어떻게 했어?"

"집 전화로 통화했지."

"그럼 밖에 있을 때는?"

"공중전화를 이용했지. 공중전화에 동전을 넣으면 그 액수만큼 통화할 수 있었어. 아! 돈을 미리 내고 전화 카드를 사기도 했어. 카드를 넣을 수 있는 공중전화도 있었거든."

"그래? 그럼 휴대전화는 언제 만들어졌어?"

"언제부터 만들어졌다고 해야 할까? 사실 우리가 지금 사용하고 있는 물건들은 하루아침에 뚝딱 만들어진 것들이 아니거든."

"그럼?"

"오랜 시간에 걸쳐 많은 사람들이 조금씩 고치고 또 새로운 아이디어를 덧붙이면서 만들어 온 거지. 옛날에는 집 전화나 공중전화로도 충분했는데, 시간이 지나면서 불편해하는 사람들이 생겼어. 밖에서 자유롭게 연락을 주고받으면 좋겠다는 생각이 들었던 거야. 그래서 하나하나씩 고치기 시작하다 보니 지금 우리가 사용하는 스마트폰까지 오게 된 거지. 앞으로 또 어떻게 변할지는 모르겠지만."

"우와!"

아이에게 조금 더 자세한 설명을 해 주기 위해 인터넷으로 사진을 찾아 보여 주었다.

"이건 삐삐라는 거야. 통화를 할 수는 없지만 이 삐삐에 음성 메시지를 남길 수는 있어. 누군가 나한테 음성 메시지를 남기면 공중전화나 집 전화로 내 삐삐에 남겨진 음성 메시지를 들을 수 있었어. 이건 시티폰이라는 건데, 밖에서도 전화를 할 수 있는 기능이 있었어. 그런데 재미있는 건 공중전화박스 근처에서만 통화할 수 있었어. 또 이건 카폰이라는 건데……'

아이는 신기해하며 연신 "아~" 소리를 반복했다. 재미있어 죽겠다는 표정으로 눈을 반짝였다.

"그럼, 우리 어떤 부분이 불편해서 모양이랑 기능이 이렇게 바뀌었는지 찾아보는 놀이를 해 볼까? 휴대전화는 어떻게 해서 이렇게 변화하게 된 걸까?"

핸드폰은 왜 만들었을까?

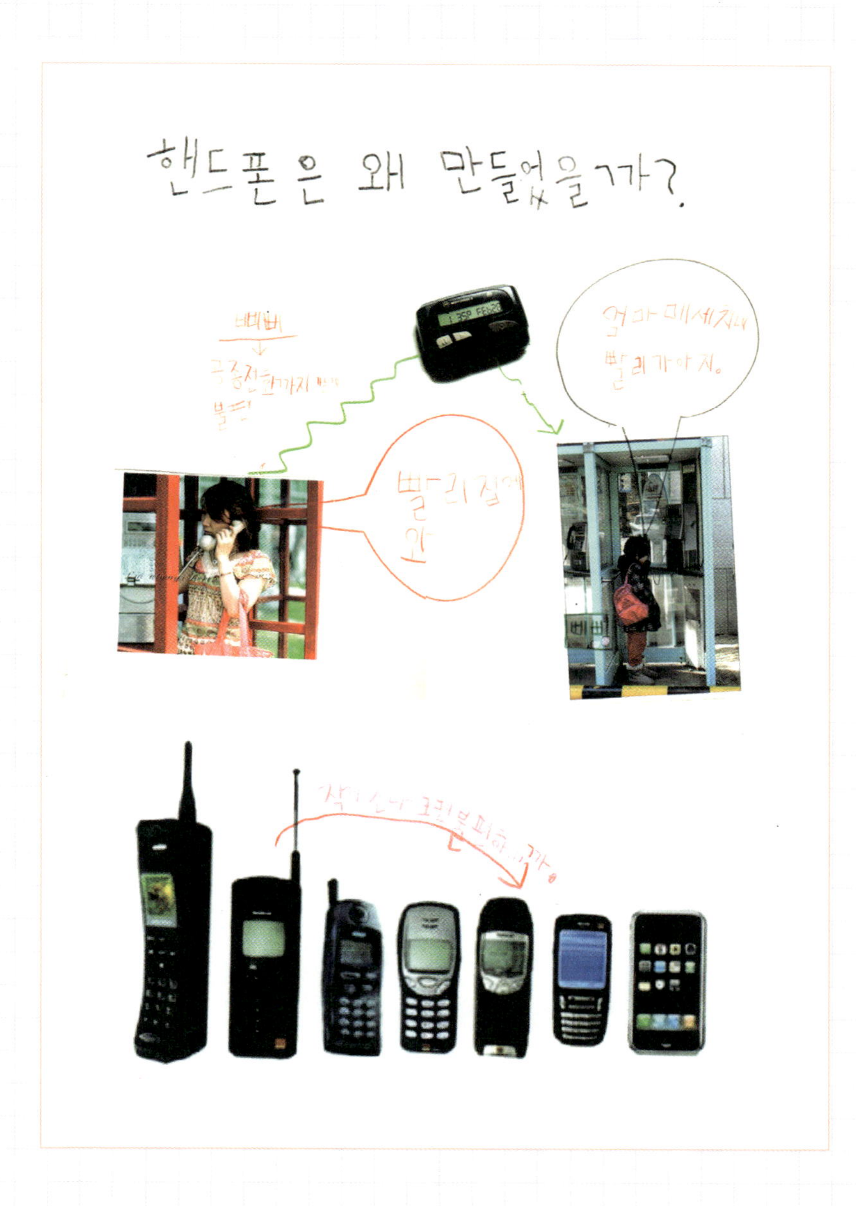

아이와
함께하는 시간

관찰과 문제 해결 | 아이용

엄마, 아빠의 도움 없이는 사용하기 힘든 물건이 있지 않나요? 의자에 발이 닿지 않아서 앉을 때 불안했다거나, 책장이 너무 높아서 맨 위에 꽂혀 있는 책을 뽑을 수 없었던 경험이 한 번쯤은 있을 거예요. 사실 우리 가족 모두 함께 사용하는 가구나 물건들은 대부분 어른들을 기준으로 만들어져 있거든요. 우리가 사용하기 편하도록 만들 수는 없을까요? 우리 주변에서 흔히 볼 수 있는 물건들, 별 생각 없이 사용하던 물건들을 자세히 관찰해 봅시다. 그동안 무엇이 불편했는지, 무엇이 마음에 들지 않았는지 하나하나 따져 보아요. 여러분은 이런저런 불편을 어떻게 고치고 싶은가요?

관찰과 문제 해결 | 엄마용

문제 해결 능력을 키우기 위해서는 의구심을 가지고 문제를 제기할 수 있는 분석력이 필요합니다. 무엇이 문제인지, 어디에 초점을 맞추어야 하는지를 파악하는 것이 먼저이기 때문이죠. 분석력은 대상을 다각도로 면밀하게 관찰하는 습관을 통해 길러집니다. 생활 속에서 익숙하게 사용해 왔던 물건들을 새롭게 관찰하고, 다각도로 분석해 보는 경험은 관찰과 분석을 재미있는 놀이로 느낄 수 있도록 도와줄 것입니다. 아주 작은 것부터 천천히 질문해 주세요. 질문의 범위가 너무 크면 아이는 어려움을 느껴서 쉽게 흥미를 잃습니다. 질문의 범위를 좁혀서 최대한 세부적인 부분부터 차근차근 질문하는 것이 비법입니다.

아이용

1. 지금 사용하고 있는 휴대전화나 부모님 휴대전화의 크기나 모양을 자세히 관찰해 봅시다.

Q. 어떤 모양인가요?

Q. 여러분의 얼굴이나 손 크기와 비교해 보면, 휴대전화는 어느 정도의 크기인가요?

엄마용

1. 요즘은 초등학생들도 스마트폰에 관심이 많습니다. 아이가 직접 가지고 있는 경우도 많고, 가지고 있지 않더라도 부모님의 스마트폰을 이용하죠. 아이들은 휴대전화로 전화나 문자는 물론 게임을 하거나 동영상을 보기도 합니다. 하지만 휴대전화는 기본적으로 성인들을 위한 물건이기에 아이들이 사용하기에 어려운 부분이 있을 것입니다. 크기나 형태에 관련한 불편을 찾도록 항목마다 구체적인 질문을 주세요.

Q. 어떤 모양인가요?
- 지금의 휴대전화 모양이 마음에 드나요?
- 왜 이런 모양일 것 같아요?
- 지금의 모양의 장점과 단점은 무엇인가요?

Q. 여러분의 얼굴이나 손 크기와 비교해 보면, 휴대전화는 어느 정도의 크기인가요?
- 내가 잡기에 적당한 크기인가요?
- 미끄러지지는 않나요?
- 화면의 크기는 적당한가요?
- 버튼의 위치들이 사용하기 적당한가요?
- 무게는 적당한가요?

Q. 모양과 크기에서 여러분이 사용하기에 불편한 점이 있었나요? 있다면 어떻게 바꾸고 싶어요? 불편한 점을 고친 휴대전화는 어떤 모습인가요? 그림으로 표현해 주세요.

Q. 모양과 크기에서 여러분이 사용하기에 불편한 점이 있었나요? 있다면 어떻게 바꾸고 싶어요?

- 아이는 위의 두 질문에 답하면서 휴대전화의 형태와 크기 때문에 불편했던 점들을 발견했을 것입니다. 이를 잘 정리할 수 있도록 도와주세요.
- 자신에게 불편한 점들을 개선하기 위해서는 기존의 모양과 크기를 어떻게 고치면 좋을지 질문해 주세요.
- 개선점을 그림으로 그릴 수 있도록 이끌어 주세요. 여기에 왜 고치고 싶은지 설명을 덧붙이면 훌륭한 아이디어 스케치가 됩니다.

2. 지금 사용하고 있는 휴대전화나 부모님 휴대전화의 기능을 살펴봅시다.

2. 휴대전화에서 아이들이 사용하는 기능은 사실 제한적입니다. 휴대전화의 기능들 대부분이 어른들에게 필요한 것들이기 때문이죠. 따라서 아이들은 주어진 기능 안에서 제한적으로 사용하게 됩니다. 휴대전화의 기능을 아이들의 눈으로, 아이들의 입장으로 분석할 수 있도록 해 주세요. '나'의 시각으로 분석을 하다 보면, 자기에게만 필요한 기능을 스스로 발견할 수도 있을 것입니다.

Q. 휴대전화 안에는 어떤 기능들이 있나요?

Q. 휴대전화 안에는 어떤 기능들이 있나요?

- 휴대전화의 기능 중에서 나에게 꼭 필요한 기능은 무엇인가요?

• 휴대전화의 기능 중에서 나에게 불필요
한 기능은 무엇인가요?

• 꼭 필요하지는 않지만, 있으면 좋겠다고
생각하는 기능이 있나요?

• 휴대전화의 기능들을 전부 다 충분히 사
용하고 있나요?

Q. 조금 더 쓰기 편하도록 고쳐 보고 싶은
기능이 있나요? 혹은 추가하고 싶은 기
능이 있나요?

• 공부할 때 쓸 수 있는 기능은 없을까요?

• 친구들과 함께 즐길 수 있는 휴대전화 놀
이 기능은 없을까요?

• 여러 사람과 통화하고 싶을 때나 시끄러
운 곳에서 통화를 해야 할 때는 어떤 기
능이 있으면 좋을까요?

• 길을 잃었거나 위험한 일이 생겼을 때, 도
움이 될 수 있는 휴대전화 기능은 없을
까요?

• 문자 기능을 조금 더 쉽게 사용할 수 있는
방법은 없을까요?

Q. 조금 더 쓰기 편하도록 고쳐 보고 싶은
기능이 있나요? 혹은 추가하고 싶은 기
능이 있나요?

3. 내가 사용하고 싶은 기능이 있는 휴대전화
를 새롭게 디자인해 봅시다. 나만의 휴대전
화를 그림으로 그린 후, 그 특징과 기능을
함께 적어 주세요.

3. 디자인은 단순한 꾸미기가 아닙니다. 물건
의 디자인에는 그 물건을 만든 사람의 철학
이 담겨 있습니다. 디자인은 사용자가 편의
를 배려하는 것은 물론이고, 새로운 삶의
습관이나 양식을 제안할 수도 있습니다. 따
라서 내가 사용하고 싶은 휴대전화를 디자

인해 보는 과정은 크기와 형태는 물론, 기능까지 고려해야 합니다. 사용자의 특성이나 휴대전화를 디자인하는 아이의 마음까지도 담겨 있어야 합니다. 하지만 아이들은 기존의 휴대전화 모양에 알록달록한 무늬를 그리는 정도를 디자인이라고 생각하기 쉽습니다. 아이가 다양한 측면을 고려할 수 있도록 구체적인 가이드를 설정해 주는 것도 하나의 방법입니다.

- 내가 쓰기에 편안한 모양과 크기를 가져야 합니다.
- 휴대전화 안의 기능들이 사용하기 편해야 합니다.
- 휴대전화 내부의 버튼이나 화면 아이콘(인터페이스)도 알아보기 쉽고 사용하기 편리해야 합니다.
- 특별히 중요하게 생각하는 기능이 있다면, 디자인을 통해 그 기능을 강조해도 좋습니다.
- 이 휴대전화를 주로 사용하게 될 사람들은 대체로 몇 살인가요? 그들이 좋아할 만한 색이나 형태, 질감을 고민해 보아야 합니다.

의자의 문제점을 찾아볼까요?

아이용

1. 학교나 집에서 사용하는 의자 중 하나를 선택하여 그 크기와 모양, 무게를 자세히 관찰해 봅시다.

Q. 어떤 모양인가요?

Q. 여러분의 키와 몸무게와 비교했을 때 의자는 어느 정도의 크기인가요? 무게는 어떤가요? 식탁이나 책상과 비교했을 때, 의자가 어느 정도의 크기인가요?

엄마용

1. 아이들이 가장 많이 사용하는 가구 중 하나가 바로 의자일 것입니다. 아이들은 학교에서나 집에서나 의자에 앉아 있는 시간이 많을 수밖에 없죠. 학교나 집에서 실질적으로 사용하는 의자의 크기와 모양은 보편적인 기준에 의해 결정됩니다. '건강한 몸을 가진 사람의 평균 키와 몸무게'라는 일률적인 기준이 아니라 '나'를 기준으로 의자의 크기와 형태를 분석할 수 있도록 해 주세요.

Q. 어떤 모양인가요?

• 지금의 의자 모양이 마음에 드나요?

• 왜 이런 모양일 것 같아요?

• 지금 모양의 장점과 단점은 무엇인가요?

• 다칠 수 있는 부분은 없나요?

• 의자를 옮길 때 잡아서 들기 편한 모양인가요?

Q. 여러분의 키와 몸무게와 비교했을 때 의자는 어느 정도의 크기인가요? 무게는 어떤가요? 식탁이나 책상과 비교했을 때, 의자가 어느 정도의 크기인가요?

• 의자가 너무 높거나 낮지는 않나요?

• 등받이가 있다면, 등받이의 높이는 적당

Q. 의자의 모양과 크기, 무게, 소재 때문에
여러분이 사용하기에 불편한 점이 있었
나요? 있다면 어떻게 바꾸고 싶어요? 불
편한 점을 고친 의자는 어떤 모습인가
요? 그림으로 표현해 주세요.

한가요?

• 의자가 엉덩이와 허리를 충분히 감싸 주
나요?

• 식탁이나 책상을 이용하기에 높이가 적
당한가요?

• 의자에 앉아 있을 때 발의 위치는 적당
한가요?

• 의자를 혼자 옮길 수 있을 만큼 적당한
크기인가요?

Q. 의자의 모양과 크기, 무게, 소재 때문에
여러분이 사용하기에 불편한 점이 있었
나요? 있다면 어떻게 바꾸고 싶어요? 불
편한 점을 고친 의자는 어떤 모습인가
요? 그림으로 표현해 주세요.

• 의자 다리의 모양 때문에 잘 쓰러지지는
않나요?

• 의자 모양 때문에 자꾸 부딪히는 곳은 없
나요?

• 오래 앉아 있어도 불편하진 않나요?

• 의자를 옮길 때 불편한 점은 없나요?

• 너무 딱딱하거나 너무 푹신하지는 않나요?

• 몸에 닿을 때는 어떤 촉감이 느껴졌으면
좋겠어요?

• 아이가 위의 질문들을 답하면서 발견한
불편들을 정리할 수 있도록 해 주세요

• 자신에게 불편한 점들을 개선하기 위해
서는 기존의 모양과 크기, 무게 및 소재를
어떻게 개선하면 좋을지 질문해 주세요.

• 개선점을 그림으로 그릴 수 있도록 이끌어 주세요. 여기에 왜 고치고 싶은지 설명을 덧붙이면, 훌륭한 아이디어 스케치가 됩니다.

2. 의자의 기능에 대해서 생각해 봅시다.

2. 의자는 앉을 수만 있으면 그만이라는 생각을 하기 쉽습니다. 하지만 곰곰이 생각해 보면 앉아 있는 것만으로도 불편한 의자가 있는가 하면, 제 기능을 뛰어넘어 새로운 기능을 보여 주는 의자들도 있죠. 단순해 보이는 의자의 기능마저도 다시 한 번 되짚어 보도록 합니다. 아이가 의자의 주된 기능을 스스로 정의할 수 있도록 도와주세요. 주된 의자의 기능을 훨씬 더 극대화할 수도 있고, 아이들이 필요한 기능을 추가할 수도 있습니다.

Q. 의자의 가장 중요한 기능은 무엇이라고 생각하나요?

Q. 의자의 가장 중요한 기능은 무엇이라고 생각하나요?

• 우리는 의자에 앉아서 무엇을 할 수 있어요?
(용도별 의자의 기능을 생각해 보도록 합니다)

• 어떤 의자가 좋은 의자라고 생각하나요?
(의자의 기능 중에서 중요한 부분을 생각해 보도록 합니다. 예를 들어, 편안한 의자가 좋은 의자라고 한다면 아이가 중요하게 생각하는 의자의 기능은 편안함일

Q. 조금 더 쓰기 편하도록 고쳐 보고 싶은 기능이 있나요? 혹은 추가하고 싶은 기능이 있나요?

3. 내가 사용하고 싶은 의자를 새롭게 디자인해 봅시다. 나만의 의자를 그림으로 그린 후, 그 특징과 기능을 함께 적어 주세요.

것입니다.)
• 어떤 의자가 나쁜 의자라고 생각하나요?

Q. 조금 더 쓰기 편하도록 고쳐 보고 싶은 기능이 있나요? 혹은 추가하고 싶은 기능이 있나요?
• 의자에 앉아서 하기 힘든 활동이 있나요?
• 다른 가구와 접목하고 싶은 부분이 있나요?
• 의자에 놀이 기능을 추가할 수 있다면, 어떤 방법이 있을까요?
• 의자를 쉽게 옮길 수 있도록 하려면 어떻게 해야 할까요?

3. 의자의 용도와 새로이 고안된 기능의 특성이 잘 드러날 수 있는 디자인을 할 수 있도록 구체적인 질문을 던져 주세요.

• 내가 쓰기에 편안한 모양과 크기를 가져야 합니다.
• 의자의 용도와 의자가 사용될 장소에 잘 어울려야 합니다.
• 내가 특별히 중요하게 생각하는 기능이 있다면, 디자인을 통해 그 기능을 강조해도 좋습니다.
(EX. 의자로 사용할 수도 있으면서 놀이의 도구가 될 수 있다는 기능을 강조하기 위해서 재미있는 형태와 발랄한 색감의 디

자인을 한다.)

- 이 의자를 주로 사용하게 될 사람들은 대체로 몇 살인가요? 그들이 좋아할 만한 색이나 형태, 질감을 고민해 보아야 합니다

능동적인 독서를 통해 사고력을 확장시키자

아무리 많은 책을 읽어도 책의 줄거리나 책 속의 정보만을 수동적으로 받아들인다면 자신의 생각을 정립할 수 없다. 한 권의 책이라도 능동적으로 읽는 습관이 중요하다. 독서의 주인공은 책이 아니라 책을 읽는 나 자신이 되어야 하기 때문이다. 문맥을 적극적으로 파악하고 다양한 각도로 자신의 사고를 확장할 수 있는 독서 습관을 길러 주자.

소파에 비스듬히 누워 만화책만 읽고 있는 아이의 모습을 물끄러미 바라보았다. 흠, 아이는 슬쩍 내 눈치를 보지만, 다시 만화책으로 눈이 간다. 그 순간 나의 머릿속에는 수많은 생각이 스쳐간다. '만화책 좀 그만보지', '다른 책도 좀 읽어라', '자세 좀 바로 하고!', '숙제는 다 했니?' 등. 만화책만 보는 아이가 못마땅해서 괜히 숙제 이야기까지 하고 싶은 욕구가 목구멍까지 나온다. 하지만 결국 그냥 돌아선다. '그래, 뭐라도 읽으니까'라고 자신을 위로하면서.

아이는 도통 책에 흥미가 없다. 책 좀 읽으라고 잔소리를 많이 하면, 괜히 더 거부감만 불러일으킬까 봐 딱히 강요해 본 적도 없다. 그래도 슬슬 걱정이 되던 참이었다. 그래, 나도 같이 읽자. 엄마가 함께 읽으면 좀 다르지 않을까 싶어 아들이 읽는 책을 같이 읽기 시작했다. 아들이 스무 장을 읽으면, 뒤따라 나도 스무 장을 읽었다.

"엄마, 어디까지 읽었어?", "아! 거기까지 읽었어? 뒤에 더 재미있어진다!"

아이는 자신이 엄마보다 내용을 먼저 알고 있는 것이 자랑스러운 듯했다. 항상 아이가 먼저 나에게 와서 책 이야기를 꺼냈기 때문에 내가 굳이 "책 읽었어? 무슨 내용이었어?"라며 확인하고 다그칠 필요도 없었다. 조금씩 책 읽는 것이 재미있어지는 듯했다. 한 권, 두 권 같이 읽는 책이 늘어 갈수록 책에 대한 대화도 자연스러워졌다.

빅토르 위고Victor Hugo의 『레 미제라블』을 함께 읽을 때였다.

"엄마, 장발장이 겨우 빵 하나 훔친 것 때문에 19년을 감옥에 있었잖아. 엄청 운이 안 좋지?" 아이는 어이없다는 듯이 웃어 보였다.

"얼마나 배가 고파서 그랬을까? 만약 엄마도 장발장 같은 상황이었다면 빵을 훔칠 수도 있었을 것 같아. 엄마도 가족이 있잖아."

그저 어이없다며 웃어넘기던 아들의 얼굴에 복잡한 표정이 떠올랐다.

"그렇지. 그럴 수도 있겠네."

"그럼 장발장이 이해가 돼?"

"응. 이해가 되긴 해. 그래도……."

진지하게 생각하는 모습이 귀여워서 이번엔 또 다른 질문을 던졌다.

"그래도 남의 물건을 훔치는 건 나쁘지 않아?"

"훔치는 건 나쁘지. 그래도 너무 배가 고파서 겨우 빵 한 조각을 훔쳤을 뿐인데……."

굳이 결론을 내릴 필요는 없었다. 같은 상황을 다른 관점으로 이해해 보는 것만으로도 의미가 있었다.

"그럼 이 책에 나오는 사람 중에 누가 제일 이해가 안 돼?"

"여관 주인."

"왜?"

"너무 나빠. 코제트가 아프지도 않은데 아프다는 핑계를 대서 돈을 달라고 하고, 그리고 그 돈을 자기들이 다 써 버리고……. 이해가 안 돼."

"그렇구나. 네 말이 맞네. 근데 그런 사람들이 책 속에만 있을까?"

아이와 책 내용으로 대화를 나누는 일이 점점 재미있어졌다.

"엄마 생각엔 말이야, 책의 줄거리를 알고 모르고는 그렇게 중요하지 않은 것 같아."

아들은 놀라며 물었다.

"왜? 그럼 뭐가 중요한데?"

"그 책 속에 나오는 사람을 만나 보는 거야. 그 사람을 통해서 다양한 경험을 해 보는 거지. 지금 엄마랑 이야기하는 것처럼 등장인물들의 생각이나 행동을 이해해 보기도 하고, 이해하지 못한 사람에 대해서 다시 생각해 보기도 하고……. 그런 경험이 중요한 것 같아. 우리가 살면서 만나게 될 다양한 사람들을 어떻게 바라볼지 생각해 볼 수도 있고, 앞으로 겪게 될 수많은 상황들을 어떻게 바라볼지 지혜도 생기고…… 우리가 장발장 같은 사람을 언제 만나보겠어?"

아이는 미소를 지었다. 미소 띤 아이의 얼굴이 무거운 짐을 내려놓은 듯 후련해 보였다.

"맞아. 책 읽는 건 재미있는 거네."

능동적인 독서와 사고력 | 아이용

여러분은 재미있는 일을 겪으면 부모님이나 친구들에게 자랑하고 싶지 않나요? 독서는 '나'와 책 속 세상의 만남입니다. 우리는 책을 통해 수없이 많은 사람들을 만날 수 있고, 온 세계를 여행할 수도 있어요. 책 속에서 겪은 신나는 일들을 독서 감상문으로 마음껏 자랑해 봅시다. 무엇이 가장 즐거웠는지, 어떤 사람이 제일 좋고 싫었는지 이야기해 주세요. 어떤 일이 여러분을 행복하게 해 주었나요? 혹은 슬프게 만들었나요?

능동적인 독서와 사고력 | 엄마용

책에 대한 감상을 단편적이고 상투적으로 이야기하게 되죠. 아이가 책에 대한 거리감을 떨치고 독서의 적극적인 주체가 될 수 있도록 도와주세요. 공감이 능동적인 독서의 첫걸음입니다. 아이가 책 속 세상과 깊이 교감할 수 있도록 다양한 질문을 던지세요. 책의 내용이 아닌 자신의 생각과 느낌에 더욱 집중할 수 있도록 자극해 주세요. 엄마의 관심은 아이의 감각과 감정, 생각을 확장할 수 있도록 도와줄 것입니다.

『별주부전(토끼전)』을 읽어 볼까요?

아이용

1. 『별주부전(토끼전)』의 등장인물들을 설명해
   볼까요?
   생김새와 성격, 좋아하는 것과 싫어하는 것
   들을 자세히 이야기해 주세요.

   토끼

   자라

   용왕

2. 우리 모두 함께 『별주부전(토끼전)』 속으로
   들어가 봐요! 자신을 토끼라고 상상하며 질
   문에 답해 보세요.

   Q. 토끼야, 너는 왜 용궁으로 따라갔니?

엄마용

1. 등장인물에 대해서 최대한 구체적으로 설
   명할 수 있도록 다양한 질문을 주세요. 엄
   마의 질문 속에서 아이는 책 속 인물을 더
   가깝게 느끼며 자유롭게 상상할 것입니다.

   • 어떻게 생겼어요? (얼굴뿐 아니라 체형이
     나 신체적 특징까지 물어봐 주세요.)
   • 성격은 어때요?
   • 무엇을 좋아하고 싫어하나요?
   • 무엇을 잘하고 못하나요?
   • 등장인물들이 모두 사람이라면 어떤 사
     람일 것 같아요?
   • 등장인물들이 모두 사람이라면 어떤 직
     업을 가지고 있을까요?

2. 아이가 최대한 토끼의 입장이 될 수 있도록
   다양한 질문을 던지세요.

   Q. 토끼야, 너는 왜 용궁으로 따라갔니?
   • 처음 보는 자라가 무섭지는 않았나요?
   • 자라의 이야기를 들으면서 무슨 생각이
     들었나요?

Q. 토끼야, 바닷속 용궁은 어떤 곳이야?

• 용궁에 가면 무엇이 가장 좋을 것 같았나요?

Q. 토끼야, 바닷속 용궁은 어떤 곳이야?

• 바다에 들어가니 어떤 풍경이 보였어요?
• 처음 가 보는 곳이라 무섭지는 않았어요?
• 바닷속은 어떤 색이에요? 어떤 냄새가 나요?
• 바닷속이 춥지는 않았어요?
• 용궁에는 어떤 동물과 식물들이 사나요?
• 궁궐은 컸나요? 궁궐에서는 어떤 소리가 났어요?
• 용왕님은 어떻게 생겼어요?
• 바닷속 용궁은 토끼가 사는 육지와 어떻게 달랐어요?

Q. 토끼야, 용왕님이 너의 간이 필요하다는
사실을 알았을 때 기분이 어땠어?

Q. 토끼야, 용왕님이 너의 간이 필요하다는
사실을 알았을 때 기분이 어땠어?

• 토끼를 데려온 자라에 대해 어떤 생각이 들었어요?
• 용왕님에 대해서는 어떤 생각이 들었어요?
• 토끼의 간이 필요하다는 사실을 알고 나니 용궁이 어떻게 보였어요?

3. 이번에는 자라가 되어 봅시다.

3. 아이가 최대한 자라의 입장이 되어 볼 수 있도록 다양한 질문을 던져 주세요.

Q. 자라야, 용왕님이 토끼를 잡아오라고 시
켰을 때, 어떤 생각이 들었어?

Q. 자라야, 토끼를 처음 만났을 때, 어떤 생
각을 했니?

Q. 자라야, 토끼가 거짓말을 했다는 사실을
알았을 때, 기분이 어땠어?

Q. 자라야, 용왕님이 토끼를 잡아오라고 시
켰을 때, 어떤 생각이 들었어?

• 육지에 가야 되니 무섭지는 않았나요?

• 평소에 용왕님에 대해서는 어떻게 생각
했어요?

• 토끼를 잡아오라고 시켰을 때 싫지는 않
았어요?

Q. 자라야, 토끼를 처음 만났을 때, 어떤 생
각을 했니?

• 토끼의 모습이 어떻게 보였어요?

• 토끼는 어떤 동물인 것 같았어요? 첫인
상이 어땠어요?

• 토끼를 설득하기가 힘들지는 않았어요?

• 토끼에게 거짓말을 해야 해서 떨리지 않
았나요?

• 토끼가 사는 육지는 어땠어요?

Q. 자라야, 토끼가 거짓말을 했다는 사실을
알았을 때, 기분이 어땠어?

• 토끼가 거짓말을 했다는 사실을 알았을
때, 제일 먼저 떠오른 생각이 무엇이었
어요?

• 저 멀리 도망가는 토끼가 어떻게 보였어요?

• 다시 용궁으로 돌아갈 생각을 하니 무섭
지 않았나요?

• 토끼가 떠나고 혼자 남아 무슨 생각을 했어요?

• 토끼를 잃고, 덩그러니 혼자 남아 바라본
바다 풍경은 어떻게 보였어요?

4. 『별주부전』의 작가를 만나 봅시다. 작가에
게 어떤 이야기를 해 주고 싶어요? 재미
있고 좋았던 점을 이야기해도 좋고, 부탁
하고 싶은 점이나 아쉬웠던 점을 이야기해
도 좋아요.

4. 아이가 책의 내용을 일방적으로 받아들일
필요는 없습니다. 적극적으로 책을 소화하
고, 주도적으로 평가할 수 있는 기회를 주
세요. 아이의 감상이 더욱 자신 있어질 것
입니다.

• 어떤 장면이 제일 좋았어요? 그 이유는
요?
• 어떤 캐릭터가 제일 마음에 들어요? 그
이유는요?
• 자신이 작가라면 고치고 싶은 곳이 있어
요? 그 이유는요?
• 자신이 작가라면 더 하고 싶은 이야기가
있어요?
• 『별주부전』에서 아쉬운 점이 있다면, 그
이유는 뭐예요?

『행복한 왕자』를 읽어 볼까요?

아이용

1. 『행복한 왕자』의 등장인물들을 설명해 볼까요? 생김새와 성격, 좋아하는 것과 싫어하는 것들을 자세히 이야기해 주세요.

   행복한 왕자

   제비

엄마용

1. 등장인물에 대해서 최대한 구체적으로 설명할 수 있도록 다양한 질문을 던지세요. 엄마의 질문 속에서 아이는 책 속 인물을 더 가깝게 느끼며, 자유롭게 상상하게 될 것입니다.

   - 어떻게 생겼어요? (얼굴뿐 아니라 체형이나 신체적 특징까지 물어봐 주세요.)
   - 성격은 어때요?
   - 무엇을 좋아하고 싫어하나요?
   - 무엇을 잘하고 못하나요?
   - 등장인물들이 모두 사람이라면 어떤 사람일 것 같아요?
   - 등장인물들이 모두 사람이라면 어떤 직업을 가지고 있을까요?

---

2. 우리 모두 함께 『행복한 왕자』 속으로 들어가 봐요! 자신을 행복한 왕자라고 생각하며, 질문에 답해 주세요.

   Q. 행복한 왕자님, 동상이 되기 전에는 매일매일 어떤 기분이었어요?

2. 아이가 행복한 왕자의 마음을 충분히 느낄 수 있도록 구체적인 질문을 던져 주세요.

   Q. 행복한 왕자님, 동상이 되기 전에는 매일매일 어떤 기분이었어요?

   - 성 안에만 있어서 답답하지 않았어요?

아이와
함께하는 시간

Q. 행복한 왕자님, 동상이 되어서 매일매일
　도시의 높은 곳에 서 있으면 어떤 생각
　이 들어요?

Q. 행복한 왕자님, 제비는 어떤 친구예요?

Q. 행복한 왕자님, 왕자님의 선물을 받은 사
　람들을 보며 어떤 기분이 들었어요?

- 다른 세상이 궁금하지는 않았나요?

Q. 행복한 왕자님, 동상이 되어서 매일매일
　도시의 높은 곳에 서 있으면 어떤 생각
　이 들어요?
- 행복한 왕자라는 별명은 마음에 들어요?
- 행복한 왕자 눈에 보이는 세상은 어떤 느
　낌이에요? (그림으로 그려 보아도 좋아요)
- 매일 도시를 바라보며 어떤 기분이 들었
　어요?
- 혼자 서 있어서 외롭지는 않았어요?

Q. 행복한 왕자님, 제비는 어떤 친구예요?
- 제비를 처음 보았을 때, 어떤 느낌이었
　어요?
- 제비가 왕자 부탁을 들어주었을 때, 기분
　이 어땠어요?
- 제비가 왕자 곁에 계속해서 머물러 주었
　을 때 어떤 생각이 들었어요?

Q. 행복한 왕자님, 왕자님의 선물을 받은 사
　람들을 보며 어떤 기분이 들었어요?
- 멋진 보석을 나누어 주는 것이 아깝지 않
　았어요?
- 사람들이 고마워하지 않아서 속상하지
　않았어요?

3. 이번에는 제비가 되어 봅시다.

Q. 제비야, 울고 있는 행복한 왕자를 처음
　　보았을 때, 어떤 생각이 들었어?

Q. 제비야, 사람들을 도와주면서 기분이 어
　　땠니?

Q. 제비야, 겨울이 오는 줄 알면서도 왜 왕
　　자님 곁에 남기로 했니?

Q. 제비야, 너에게 행복한 왕자님은 어떤 친
　　구야?

3. 아이가 제비의 마음을 충분히 느낄 수 있도
　　록 구체적인 질문을 던져주세요.

Q. 제비야, 울고 있는 행복한 왕자를 처음
　　보았을 때, 어떤 생각이 들었어?
　• 행복한 왕자의 첫인상은 어땠어요?
　• 행복한 왕자의 모습에 놀라지는 않았어요?
　• 눈물을 흘리는 모습에 행복한 왕자를 도
　　와주기로 했나요?

Q. 제비야, 사람들을 도와주면서 기분이 어
　　땠니?
　• 도시를 돌아다니면서 어떤 생각을 했어요?
　• 사람들을 도와주면서 행복한 왕자에 대
　　한 생각이 바뀌었나요?

Q. 제비야, 겨울이 오는 줄 알면서도 왜 왕
　　자님 곁에 남기로 했니?
　• 왕자님을 계속 도와주어야겠다고 생각한
　　이유가 뭐예요?
　• 겨울이 오는 것이 무섭지는 않았어요?
　• 겨울이 다가오는 것이 어떻게 느껴졌어요?

Q. 제비야, 너에게 행복한 왕자님은 어떤 친
　　구야?
　• 갈대에 대한 마음과 행복한 왕자에 대한
　　마음은 어떻게 달라요?
　• 금박이 벗겨진 왕자의 모습이 싫지 않았
　　어요?

• 왕자의 부탁을 다 들어준 이유가 뭐예요?
• 행복한 왕자는 별명처럼 정말 행복해 보였나요?

4. 행복한 왕자님이 우리가 살고 있는 세상에 왔어요. 행복한 왕자와 제비는 우리가 살고 있는 세상을 보면서 어떤 생각을 할까요? 행복한 왕자와 제비는 우리에게 어떤 이야기를 들려줄 것 같아요?

4. 아이가 책의 내용을 지금 이곳의 일상과 직접적으로 연결시킬 수 있도록 도와주세요.

• 행복한 왕자와 제비는 우리 세상을 보면서 어떤 점을 제일 좋게 생각할까요?
• 행복한 왕자는 우리 세상을 보면서 또 다시 눈물을 흘릴까요? 만약 그렇다면 그 이유는요?
• 행복한 왕자와 제비를 만나면 어떤 말을 해 주고 싶어요?
• 행복한 왕자는 우리 세상에서 다시 행복할 수 있을까요?
• 행복한 왕자와 제비가 우리들의 세상에서는 어떻게 살았으면 좋겠어요?

공감하는 독서를 통해 표현력을 확장시키자

책 안에는 다양한 감정들이 얽혀 있다. 따라서 우리는 깊이 있는 독서를 통하여 인간에 대해 폭넓게 이해할 수 있다. 아이가 책 속의 감정들을 다양하게 경험하고, 공감할 수 있도록 도와주자. 텍스트만으로는 이해하기 힘든 감정들도 그림을 통해서는 깊이 공감할 수 있다. 인간의 복잡한 감정에 대한 이해를 높이고, 이를 표현할 수 있는 힘을 길러 주자. 아이의 표현력에 깊이를 더해 줄 것이다.

"엄마, 나 그 책 읽어 봤어."
아홉 살 희연이는 책상 위에 있는 『강아지 똥』이라는 책을 보고 반가운 듯 말했다.

"그래? 언제 읽어 봤는데?"

"1학년 땐가?"

"내용 기억나?"

"강아지 똥이 나중에 민들레 피는 걸 도와주는 거 아니야?"

"책의 마지막 내용은 그게 맞지. 그런데 희연이는 이 책을 읽고 어떤 생각이 들었어?"

"……"

"그럼 다시 한 번 같이 읽어 볼까?"

"응, 엄마랑 같이 또 읽을래!"

희연이와 서로 이야기하며 책을 한 장 한 장 넘겼다. 희연이도 같이 읽으니까 재미있어하는 것 같았다.

"강아지 똥은 자기가 강아지 똥인 걸 어떻게 알았을까?"

"참새랑 흙이 얘기해 줬잖아."

"맞아. 근데 똥이 또 으앙 울었네. 왜 울었을까?"

'왜 울었을까?'라는 질문이 희연이에게 어려운 질문은 아니었을 것이다. 그럼에도 희연이는 쉽게 답하지 못하고 망설였다. 똥이 왜 울음을 터트렸는지에 대해 한 번도 진지하게 생각해 보지 않은 듯한 표정이었다.

"……슬퍼서?"

머뭇거리다 답했다.

"아, 슬퍼서 울었구나. 근데 흙이 뭐라고 했길래 그렇게 슬퍼했을까?"

"흙이, 똥 중에서도 가장 더러운 개똥이라고 말했거든."

"그렇구나. 그럼 똥은 자기가 뭔지 몰랐다가 참새랑 흙 때문에 알게 된 셈이네. 그럼 강아지 똥은 자기가 더럽고 냄새나는 똥이라는 걸 처음 알았을 때 기분이 어땠을까?"

"엄청 슬펐겠다. 불쌍해……."

희연이는 강아지 똥이 불쌍하고 안타까운 듯 울상을 지었다.

"엄마, 이거 봐. 닭도 병아리들한테 똥은 찌꺼기라서 먹을 게 없으니까 가자고 말했어."

희연이는 똥이 슬퍼할 만한 상황들을 책에서 찾아 보여 주었다.

"엄마, 똥은 자기가 제일 더러운 개똥이니까 자기를 뺀 다른 것들은 다 멋져 보였을 것 같아."

"아, 정말 그랬을 수도 있겠다. 와, 멋진 생각이다!"

희연이는 종이에 쓱쓱 그림을 그리기 시작했다.

강아지 똥
강아지 똥의 눈속에는 자기빼고 뭐든게 다 아름다워요

희연이가 그린 『강아지 똥』 독서 감상화

공감의 독서와 표현력 | 아이용

책 속에는 많은 사람들의 감정이 거미줄처럼 얽혀 있어요. 책 안의 세상, 그 속에서 살고 있는 사람들의 기분을 느껴 보고 싶지 않나요? 나와 다른 사람들은 어떤 생각과 감정을 가지고 살아갈까요? 책 속의 감정들이 앞으로 여러분들 마음속에도 찾아올지 모릅니다. 마음을 열고, 책이 들려주는 이야기에 푹 빠져 봅시다. 그 안의 감정에 젖어 봅시다. 그림을 그리며 다양한 방법으로 내 안에 스며든 감정을 표현해 보세요. 여러분들 마음도 더 깊어질 것입니다.

공감의 독서와 표현 | 엄마용

아이들이 책 속의 복합적인 감정을 이해하기란 쉬운 일이 아닙니다. 하지만 등장인물의 감정을 놓치면 책의 전체 주제를 이해하지 못할 수도 있습니다. "이게 무슨 말이지? 인물이 왜 이렇게 행동하지?"라는 의문만 남긴 채 책을 덮게 될지도 모릅니다. 책을 읽고도 주제를 파악하지 못해 남들의 설명이나 정해진 답안지를 찾게 될지도 모르지요. 아이가 책의 감정을 스스로 이해하고 공감할 수 있도록 도와주세요. 텍스트로는 낯설게만 느껴졌던 감정도 그림을 그리며 표현하면 더 가깝게 느낄 수 있습니다.

『강아지 똥』을 읽어 볼까요?

아이용

1. 강아지 똥의 마음을 느껴 보세요. 아래의 질문을 보면서 강아지 똥의 마음을 그림으로 그려 주세요.

Q. 자신을 놀리는 참새에 대해 강아지 똥은 어떤 기분이 들었을까요?

Q. 강아지 똥은 거름이 되어서 행복했을까요?

엄마용

1. 경험의 폭이 좁은 아이가 다른 이의 감정을 이해한다는 것은 쉽지 않습니다. 특히 언어 표현력이 부족한 아이들이 텍스트만으로 등장인물의 감정에 공감대를 형성하기란 어려운 일입니다. 아이가 강아지 똥의 마음을 깊이 이해할 수 있도록 다양한 질문을 던지고 자유롭게 그 감정을 그림으로 표현할 수 있도록 도와주세요.

Q. 자신을 놀리는 참새에 대해 강아지 똥은 어떤 기분이 들었을까요?
- 다른 사람이 자기를 놀리면 기분이 어때요?
- 참새에게 놀림을 받은 강아지 똥은 어떤 표정을 지었을까요?
- 강아지 똥의 눈에 자기를 놀리는 참새의 얼굴은 어떻게 보일까요?

Q. 강아지 똥은 거름이 되어서 행복했을까요?
- 강아지 똥의 행복은 어떤 모양일까요?
- 행복이란 어떤 색일까요?
- 행복한 사람의 얼굴은 어떤 모습일까요?
- 나에게 행복을 주는 풍경, 인물 혹은 사물은 어떤 것이에요?

Q. 강아지 똥의 눈에 민들레는 어떻게 보였을까요?

Q. 강아지 똥의 눈에 민들레는 어떻게 보였을까요?

- 민들레의 모습에 감정이 느껴질 수 있도록 도와주세요.
- 민들레의 키는 얼마나 커 보였을까요?
- 민들레의 얼굴은 어떤 모습이었을까요?
- 민들레에게선 어떤 냄새가 났을까요? 그 냄새는 어떤 색으로 표현하면 좋을까요?

Q. 강아지 똥이 민들레를 만나지 않았다면 어떻게 살고 있을까요?

Q. 강아지 똥이 민들레를 만나지 않았다면 어떻게 살고 있을까요?

- 강아지 똥은 어디서 살고 있을까요?
- 집은 있었을까요?
- 누가 옮겨 주지 않았을까요?
- 이미 흙 속으로 들어가지 않았을까요?
- 흙 속에서 다른 누군가를 만나지는 않았을까요?

2. 민들레의 마음을 느껴 보세요. 아래의 질문을 보면서 민들레의 마음을 그림으로 그려 주세요.

2. 민들레의 마음을 이미지로 표현할 수 있도록 다양한 질문을 던져 주세요. 예를 들어, 민들레의 마음이 착하다고 말한다면 착한 마음은 어떤 모양이나 색으로 표현할 수 있는지 질문해 주세요.

아이와
함께하는 시간

Q. 민들레는 어떤 마음씨를 가졌을까요?

Q. 민들레의 눈에 똥은 어떻게 보였을까요?

Q. 강아지 똥이 민들레를 꼭 안아 주었을 때, 민들레는 어떤 기분이었을까요?

Q. 민들레는 어떤 마음씨를 가졌을까요?
- 민들레가 사람이라면, 어떤 아이였을까요?
- 민들레의 마음씨는 어떤 색이었을까요?
- 민들레의 마음씨는 어떤 모양이었을까요?

Q. 민들레의 눈에 똥은 어떻게 보였을까요?
- 민들레의 눈에 보이는 똥은 참새의 눈에 보이는 똥과 어떻게 다를까요?
- 민들레는 똥을 보며 어떤 생각을 했을까요?

Q. 강아지 똥이 민들레를 꼭 안아 주었을 때, 민들레는 어떤 기분이었을까요?
- 민들레의 마음이 어떤 색으로 변하는 기분이었을까요?
- 민들레의 기분은 어떤 얼굴을 하고 있을까요?
- 강아지 똥이 안아 주었을 때의 민들레와 비슷한 기분을 느껴 본 적이 있나요? 그 때의 기분을 그림으로 표현해 볼까요?

3. 강아지 똥과 민들레의 마음을 깊이 느꼈나요? 여러분은 강아지 똥과 민들레에게 어떤 이야기를 해 주고 싶나요? 강아지 똥과 민들레에게 편지를 써 보세요. 그리고 강아지 똥과 민들레에게 전하고 싶은 나의 마음을 그림으로 표현해 봅시다.

3. 『강아지 똥』을 읽고 느낀 감정을 중점적으로 그릴 수 있도록 도와주세요. 강아지 똥과 민들레가 등장하지 않아도 좋습니다. 구체적인 대상에 빗대어도 좋지만, 색이나 선으로만 표현해도 좋아요. 정해진 틀 없이 자유롭게 자신의 마음을 그릴 수 있도록 도와주세요.

『반쪽이』를 읽어 볼까요?

아이용

1. 반쪽이의 마음을 느껴 보아요. 반쪽이의 눈으로 세상을 보고, 반쪽이의 마음을 그림으로 그려 주세요.

Q. 반쪽이를 창피해 하는 형들은 반쪽이 눈에 어떻게 비쳤을까요?

Q. 나무에 묶이고 바위에 묶인 반쪽이는 어떤 기분이었을까요?

Q. 호랑이 굴에 들어갔을 때 반쪽이는 어떤 장면을 보았을까요? 그리고 그때 반쪽이는 어떤 기분이었을까요?

엄마용

1. 아이가 이해하기 힘든 감정, 무심코 지나치기 쉬운 상황에 대해서 최대한 구체적으로 질문해 주세요.

Q. 반쪽이를 창피해 하는 형들은 반쪽이 눈에 어떻게 비쳤을까요?
- 반쪽이의 눈에 비친 형들의 얼굴은 어떤 표정이었을까요?
- 반쪽이는 형들에 대해 어떤 생각을 할까요?
- 형들에게 따돌림을 받는 반쪽이의 마음은 어떤 색으로 가득했을까요?

Q. 나무에 묶이고 바위에 묶인 반쪽이는 어떤 기분이었을까요?
- 나무와 바위에 묶였을 때, 반쪽이의 얼굴은 어떤 표정이었을까요?
- 그때 반쪽이의 마음은 어떤 모양이었을까요?
- 나무와 바위에 묶인 반쪽이의 눈에 세상은 어떻게 보일까요?

Q. 호랑이 굴에 들어갔을 때 반쪽이는 어떤 장면을 보았을까요? 그리고 그때 반쪽이는 어떤 기분이었을까요?

• 반쪽이의 눈에 호랑이 굴은 어떻게 보였
을까요?
• 무섭지는 않았을까요?
• 호랑이 굴에 들어간 반쪽이의 귀에는 어
떤 소리가 들렸을까요?
• 호랑이 굴은 춥고 캄캄한 곳이었을까요?
아니면 뜨겁고 이글이글한 곳이었을까요?
• 호랑이 굴에서의 반쪽이 마음은 어떤 색
으로 표현할 수 있을까요?

Q. 반쪽이가 만약 힘이 세지 않았다면 어떻
게 살고 있었을까요?

Q. 반쪽이가 만약 힘이 세지 않았다면 어떻
게 살고 있었을까요?

• 형들은 반쪽이를 계속해서 미워했을까요?
• 반쪽이에게 친구가 생겼을까요?
• 반쪽이는 어떤 집에서 어떤 일을 하며 살
아가게 될까요?
• 힘이 세지 않은 반쪽이도 결혼을 했을까요?
• 마을 사람들은 반쪽이를 어떻게 생각했
을까요?

2. 다른 사람들의 눈에 반쪽이는 어떻게 보일
까요? 반쪽이처럼 나와 다른 모습의 사람
을 보면 어떤 기분이 들까요?

2. 아이들은 반쪽이를 보면서, 반쪽이는 착하
고 형들은 나쁘다는 이분법적인 시선을 갖
기 쉽습니다. 반쪽이가 아닌 다른 사람들의
시선도 고루 이해해 볼 수 있도록 지도해
주세요. 나와 다른 사람을 바라보는 불편한
시선이 어떤 것인지, 그들은 왜 반쪽이를
따돌리고 속이려 하는지 생각해 볼 수 있도
록 구체적인 질문을 던져 주세요.

Q. 형들의 눈에 자신들과는 다른 반쪽이가
어떻게 보일까요? 나와는 너무나도 다
르게 생긴 동생을 보는 형들의 마음이
어땠을까요?

Q. 호랑이의 눈에 자신보다 센 반쪽이는 어
떤 모습으로 보였을까요?

Q. 부자 영감의 눈에 반쪽이는 어떻게 보
였을까요?

Q. 형들의 눈에 자신들과는 다른 반쪽이가
어떻게 보일까요?

• 처음으로 반쪽이를 보았을 때, 형들은 어
떤 기분이었을까요?

• 형들은 정말로 반쪽이를 싫어했을까요?

• 나와는 너무나도 다르게 생긴 동생을 바
라보는 마음이 어땠을까요?

• 형들이 반쪽이를 보는 것처럼 다른 사람
을 낯설게 본 적이 있나요?

Q. 호랑이의 눈에 자신보다 센 반쪽이는 어
떤 모습으로 보였을까요?

• 반쪽이를 보기 전, 호랑이는 자기가 가장
강하고 세다고 생각했을지 몰라요. 갑자
기 자기보다 센 사람을 만난 호랑이의 기
분이 어땠을까요?

• 호랑이의 눈에 비친 반쪽이는 어떤 표정
으로 보일까요?

Q. 부자 영감의 눈에 반쪽이는 어떻게 보
였을까요?

• 부자 영감이 반쪽이에게 내기를 제안한
이유가 무엇일까요?

• 동물로 비유하자면, 부자 영감의 눈에 반
쪽이는 어떤 동물처럼 보였을까요?

• 내기 장기에서 반쪽이한테 진 부자 영감
의 마음은 어땠을까요? 색이나 도형으로
표현해도 좋아요. ,

Q. 형들의 눈에 부잣집 딸과 결혼한 반쪽이는 어떻게 보였을까요?

3. 반쪽이와 주변 인물들의 마음을 깊이 느꼈나요? 반쪽이처럼 나와 다르게 생긴 사람을 실제로 만난다면 어떤 이야기를 해 주고 싶나요? 나와 다른 사람들에게 편지를 써 보세요. 그리고 반쪽이를 포함하여 이 세상 어딘가에서 언젠가 만나게 될 나와 다른 사람들에게 전하고 싶은 마음을 그림으로 표현해 봅시다.

Q. 형들의 눈에 부잣집 딸과 결혼한 반쪽이는 어떻게 보였을까요?
- 반쪽이가 결혼한 후, 형들은 반쪽이를 조금은 창피해하지 않게 되었을까요?
- 형들은 부잣집 딸과 결혼해 사는 반쪽이를 보고 어떤 마음이 들었을까요?
- 형들의 눈에 반쪽이의 표정은 어떻게 보일까요?
- 시간이 흐르면서 형들 마음의 색은 어떻게 달라질까요?

3. 『반쪽이』를 읽고, 반쪽이와 같은 인물에 대하여 어떠한 마음을 가지게 되었는지, 나와 다른 사람을 바라보는 시선이 어떻게 바뀌었는지를 중점적으로 그릴 수 있도록 도와주세요. 구체적인 대상에 빗대어도 좋지만 색이나 선으로만 표현해도 좋아요. 정해진 틀 없이 자유롭게 자신의 마음을 그릴 수 있도록 도와주세요.

초등 1~3학년을 위한

열두달 학습법

2016년 1월 29일 초판 1쇄 인쇄
2016년 2월 11일 초판 1쇄 발행

지은이 | 이지연, 박유미
발행인 | 이원주
책임편집 | 한소진
책임마케팅 | 이지희

발행처 | (주)시공사
출판등록 | 1989년 5월 10일(제3-248호)

주소 | 서울시 서초구 사임당로 82(우편번호 137-879)
전화 | 편집(02)2046-2843·마케팅(02)2046-2800
팩스 | 편집(02)585-1755·마케팅(02)588-0835
홈페이지 | www.sigongsa.com

ISBN 978-89-527-7568-9 13370